LITERATURA HIS
DE
FÁCIL LECTURA

El ingenioso caballero don Quijote de la Mancha

2

MIGUEL DE CERVANTES SAAVEDRA

Texto adaptado por
Begoña Rodríguez Rodríguez

Adaptación supervisada por
«Grupo UAM-Fácil Lectura»

Colección *Literatura hispánica de fácil lectura*

Dirección:
Alberto Anula

Consejo Editor:
Mercedes Belinchón Carmona
Marina Fernández Lagunilla
Teodosio Fernández Rodríguez
José Portolés Lázaro
Almudena Revilla Guijarro
Florencio Sevilla Arroyo

Primera edición, 2008

Produce:
SGEL – Educación
Avda. Valdelaparra, 29
28108 Alcobendas (MADRID)

Diseño de colección y maquetación:
Alexandre Lourdel
Ilustraciones:
Gonzalo Izquierdo

ISBN: 978-84-9778-327-9
Depósito legal:
Printed in Spain – Impreso en España

Imprime Gráficas Rogar, S. A.

Características de la colección

Los *Textos de la literatura hispánica de fácil lectura* de SGEL y el Grupo UAM-Fácil Lectura (GUAMFL) tratan de hacer accesibles las obras más importantes de la literatura hispánica a los estudiantes de español como lengua extranjera o segunda lengua. La adaptación de los textos se ajusta a las capacidades de comprensión lectora señaladas en los niveles de referencia propuestos en el *Marco Común Europeo de Referencia para las Lenguas* y en el *Plan Curricular del Instituto Cervantes* (PCIC). Además, ha sido realizada de acuerdo con los criterios de facilitación de la lectura y la comprensión lectora desarrollados por el GUAMFL.

Los textos se distribuyen en tres niveles y las adaptaciones se ajustan a las características descritas en la tabla de la página siguiente.

La adaptación de las obras respeta el estilo del autor, el argumento de la obra y la interpretación textual de la crítica contemporánea. Las circunstancias propias de cada adaptación, cuando existen, se recogen en el apartado «Criterios de adaptación de esta obra». La ortografía se ha modernizado siempre.

Cada obra contiene notas léxicas, fraseológicas y de índole cultural, además de un glosario con las palabras de frecuencia moderada traducidas a distintos idiomas. Las palabras o las expresiones de frecuencia baja aparecen siempre anotadas a pie de página. Contiene también una serie amplia y diversa de actividades de comprensión lectora (con su apartado de soluciones correspondientes) y un CD de audio con el texto de la obra para potenciar la

NIVEL	LÉXICO	GRAMÁTICA Y DISCURSO
INICIAL	500-1200 palabras léxicas diferentes de muy alta o alta frecuencia de uso (un 10% del léxico puede ser de frecuencia notable, moderada y baja).	Nivel A2 del PCIC. Se utiliza preferentemente el orden oracional sujeto-verbo-objeto y se limita la cantidad y complejidad de las estructuras subordinadas. La media de la longitud oracional no excede de 15 palabras.
INTERMEDIO	1200-2000 palabras léxicas diferentes de frecuencia muy alta, alta y notable (un 10% del léxico puede ser de frecuencia moderada y baja).	Nivel B1 del PCIC. Se limita la complejidad de las estructuras subordinadas. La media de la longitud oracional no excede de las 20 palabras.
AVANZADO	2000-3000 palabras léxicas diferentes de frecuencia muy alta, alta, notable y moderada (un 10% del léxico puede ser de frecuencia baja).	Nivel B2 del PCIC (aunque se permiten algunas construcciones sintácticas y estrategias pragmáticas del nivel C1). La adaptación es fiel al texto original y se limita a actualizar la sintaxis. La media de la longitud oracional puede exceder de las 20 palabras.

NOTA El nivel de frecuencia de las palabras se ha establecido a partir del indicador de frecuencia de uso que tienen las voces en el *Diccionario de Uso del Español Actual* (SGEL) y de la frecuencia de uso que alcanzan las palabras en el Corpus CREA de la Real Academia Española, una vez aplicados los cálculos estadísticos necesarios para establecer las equivalencias entre ambas fuentes.

comprensión auditiva. El libro se completa con una breve presentación del autor y la obra, y una serie de propuestas encaminadas a profundizar en el conocimiento de la obra adaptada.

El texto de la obra presenta los siguientes signos diacríticos:

* Señala una palabra o expresión recogida en el Glosario.
◀ Seguido de un número, señala el número de pista del CD.

El autor

Miguel de Cervantes Saavedra es el mejor novelista universal de todos los tiempos. Así lo han reconocido escritores como Dostoyevski, Flaubert, Borges y otros muchos. De hecho, el *Quijote* ha traspasado fronteras geográficas, culturales y lingüísticas para convertirse en la mayor aportación española a la cultura occidental.

Nació en 1547 y murió en 1616. Vivió, por tanto, la decadencia del Imperio Hispano (Carlos V, Felipe II y Felipe III), el esplendor cultural de los Siglos de Oro (Renacimiento, Manierismo y Barroco) y la grandeza literaria de nuestros mejores clásicos (Lope de Vega, Góngora, Quevedo...).

Su biografía está presidida por la adversidad y el fracaso. La pobreza familiar, los problemas matrimoniales, el fracaso militar (heridas en Lepanto y cautiverio en Argel), varios encarcelamientos como recaudador y el menosprecio literario de sus contemporáneos son algunas de las desgracias que padeció. Tan sólo el *Quijote* aporta algún logro entre tanta adversidad. Fue suficiente, en todo caso, para consagrarlo como «El Manco de Lepanto».

La obra

Cervantes cultivó los tres grandes géneros literarios —poesía, teatro y novela— con el mismo empeño y continuidad. Sin embargo, sólo consiguió imponerse como novelista.

Como poeta logró algún soneto magistral («Voto a Dios...») y un largo poema alegórico (*Viaje del Parnaso*). Como dramaturgo, intentó en vano competir con Lope de Vega en sus *Ocho comedias*, pero sólo obtuvo el rechazo del público. Sin embargo, en la obra teatral destacan sus *Ocho entremeses* (piezas dramáticas breves). Como novelista, tanteó diferentes géneros (*Galatea*, *Ejemplares* y *Persiles*) y, finalmente, consiguió imponer su maestría narrativa. *La Gitanilla*, *Rinconete y Cortadillo*... y, por supuesto, el *Quijote*, entre otras, cuentan como obras de arte de la literatura universal.

El Quijote

El *Quijote* es la novela cumbre de la literatura universal. Para Cervantes supuso todo un desafío creativo decididamente experimental. Comenzó como una novelita breve, pero en seguida fue creciendo, al margen de toda previsión, para desembocar en las dos partes del *Quijote*: *El ingenioso hidalgo don Quijote de la Mancha* (1605) y *Segunda parte del ingenioso caballero don Quijote de la Mancha* (1615).

Esta obra, considerada la primera novela moderna, constituye toda una enciclopedia de las principales tendencias novelescas de su tiempo (caballeresca, pastoril, picaresca, cortesana, morisca, etc.), así como un repertorio deslumbrante de las diferentes modalidades del discurso áureo. Todo ello, como es sabido, está presidido por la ridícula historia de un pobre hidalgo manchego enloquecido por las lecturas caballerescas.

Entre burlas y veras, Cervantes logra trascender la farsa y la broma para apostar por los grandes valores humanos universales:

el idealismo, el amor, la libertad... alimentan siempre las locuras de don Quijote y de Sancho Panza. La clave de tan magistral logro consiste en la unión perfecta de historia y poesía, en la fusión inseparable de realidad y fantasía, y en la identidad de vida y literatura. Ninguna otra fórmula habría generado la novela moderna.

El *Quijote* narra la historia de un viejo hidalgo manchego, enloquecido por las continuadas lecturas caballerescas, que decide convertirse en caballero andante, con el nombre de *don Quijote de la Mancha*. Junto a su escudero Sancho Panza sale varias veces de su aldea en busca de aventuras —auténticos disparates siempre— hasta que, desengañado y agotado, regresa a su aldea, enferma y recobra el juicio.

En la primera parte de la novela están recogidas las dos primeras salidas de don Quijote, a lo largo de las cuales tendrá que enfrentarse a molinos de viento, rebaños, batanes, galeotes o cueros de vino, hasta que regresa a su aldea por la intervención de sus amigos. La segunda parte comprende la tercera, y última, salida de don Quijote y Sancho, que está presidida por la estancia con los duques y las burlas que éstos hacen a los dos protagonistas (Dulcinea encantada, dueña Dolorida, gobierno de Sancho). La derrota final de don Quijote en Barcelona le obligará a volver a su aldea y dejar las armas durante un año.

Adaptación

La adaptación de la obra ha seguido fielmente el orden de los capítulos y episodios del original. No obstante, para cumplir con los límites de la colección, se han eliminado las historias intercaladas y se han reducido algunos pasajes. El texto resultante recoge, por tanto, las aventuras en las que don Quijote y Sancho participan activamente. También se ha procurado mantener aquellos pasajes que caracterizan a los personajes: diálogos, usos léxicos particulares, etc.

SEGUNDA PARTE
DEL INGENIOSO CABALLERO

DON QUIJOTE DE LA MANCHA

PRÓLOGO AL LECTOR

1 ¡Válgame Dios,[1] con cuántas ganas esperarás, lector, este prólogo* para ver si me vengo del autor del segundo *Don Quijote*! Pues no te daré esta alegría. Castíguele su pecado[2] y con su pan se lo coma.[3] Lo que siento es que me llame viejo y manco.[4] Yo no puedo parar el tiempo y mis heridas las sufrí en la guerra.[5] Además, no se escribe con las canas,[6] sino con la razón, que mejora con los años.

Y no te digo nada más. Sólo considera que esta segunda parte de *Don Quijote* está escrita por el mismo autor que la primera. En ella te doy a don Quijote dilatado* y, al final, muerto y enterrado.* Así nadie se atreverá a escribir falsas historias sobre él.

---

1 *Válgame Dios:* que Dios me ayude.

2 *Castíguele su pecado:* padezca o sufra su propia culpa.

3 *Con su pan se lo coma:* que le aproveche.

4 *Manco:* que carece de uno o dos brazos, o que los tiene inútiles.

5 Se refiere a la batalla de Lepanto: famosa batalla entre la armada turca y la española (1571). Cervantes luchó en esta batalla y recibió un disparo que inutilizó para siempre su brazo izquierdo.

6 *Canas:* cabello que se ha vuelto de color blanco. En este caso, con la vejez.

CAPÍTULO I

Conversación de don Quijote con el cura y el barbero[7]

Cuenta Cide Hamete Benengeli, en la segunda parte de esta historia, que el cura y el barbero estuvieron un mes sin ver al hidalgo.[8] Un día decidieron visitarle para ver si estaba mejor. Acordaron no hablarle de la caballería andante.[9]

Don Quijote estaba en la cama cuando llegaron el cura y el barbero. Fueron muy bien recibidos por él. Le preguntaron por su salud. Les respondió con mucho juicio[10] y con elegantes palabras. Habló con tanta discreción[11] que los dos creyeron que estaba cuerdo.*

La sobrina y la criada* daban gracias a Dios porque don Quijote ya no estaba loco. Pero el cura quería comprobarlo y le contó algunas noticias de la Corte.[12] Le dijo que los turcos[13] se acercaban con

---

7 *Barbero:* persona que corta y arregla la barba.

8 *Hidalgo:* persona que descendía de una familia noble venida a menos.

9 *Caballería andante:* profesión de los caballeros aventureros o andantes.

10 *Juicio:* facultad mental propia de los humanos mediante la que se distinguen y valoran las cosas. Cordura, sensatez, acierto.

11 *Discreción:* cualidad de quien actúa correctamente y con sensatez según el momento.

12 *Corte:* lugar donde reside el rey; en esta época, Madrid.

13 *Turcos:* musulmanes.

una poderosa armada.* Por eso, el rey mandó proveer las costas[14] por miedo a un ataque.

A esto respondió don Quijote:

—Su Majestad ha actuado como un prudente* guerrero.* Pero debería tomar mi consejo.

El barbero preguntó a don Quijote cuál era su consejo.

—Su Majestad debería juntar en la corte a todos los caballeros andantes[15] de España —dijo don Quijote—. Así se podría destruir a la armada turca.

—¡Ay! —dijo la sobrina—. ¡Mi señor quiere volver a ser caballero andante!

Entonces dijo don Quijote:

—Caballero andante he de morir.

Y el cura le dijo:

—Yo no me creo que los caballeros andantes fueran personas de carne y hueso.[16] Todo es ficción* y mentira.

—Muchos caen en ese error —respondió don Quijote—. Pero es tan verdad como que vi con mis propios ojos a Amadís de Gaula.[17]

---

14 *Proveer las costas:* reforzar la vigilancia y seguridad de las costas.

15 *Caballeros andantes:* protagonistas de los libros de caballerías. Solían viajar mucho y su misión era defender a los necesitados.

16 *De carne y hueso:* real, verdadero.

17 *Amadís de Gaula:* protagonista del libro de caballerías más importante de la literatura española.

En ese momento, oyeron que la criada y la sobrina gritaban en el patio. Fueron todos a ver qué pasaba.

CAPÍTULO II

◄2 *Conversación entre don Quijote y Sancho*

Cuenta la historia que las voces las daba Sancho Panza porque quería entrar a ver a don Quijote y la criada y la sobrina no le dejaban pasar. La criada decía:

—¿Qué quiere este bruto?* Vos sois quien lleva a mi señor por esos andurriales.[18]

—Criada del diablo* —respondió Sancho—. El llevado por esos andurriales soy yo. Él me prometió una ínsula[19], que aún espero.

—Malas ínsulas te ahoguen —respondió la sobrina—. Y ¿qué son ínsulas? ¿Es cosa de comer, comilón?[20]

—No es de comer —contestó Sancho—, sino de gobernar.

—Pues id a gobernar vuestra casa —dijo la criada— y dejaos de ínsulas ni ínsulos.

---

[18] *Andurriales:* lugares apartados de los caminos a los que es difícil llegar y son poco conocidos.

[19] *Ínsula:* isla.

[20] *Comilón:* que come mucho.

Don Quijote hizo callar a las dos y le dejaron entrar. Entró Sancho, y el cura y el barbero se despidieron de don Quijote. Los dos estaban preocupados por los disparatados[21] pensamientos del hidalgo.

El cura le dijo al barbero:

—Ya verás como nuestro hidalgo sale otra vez a buscar aventuras.

—No lo dudo —respondió el barbero.

Mientras, don Quijote se encerró con Sancho en su habitación. Estando solos, le dijo:

—Dime, Sancho amigo, ¿qué dicen de mí por el pueblo?

—Se lo diré de muy buena gana, señor mío —respondió Sancho—. Pero prométame que no se enfadará.

—De ninguna manera me enfadaré —respondió don Quijote—. Habla libremente y sin rodeos.[22]

—El pueblo cree que vuestra merced[23] está loco y que yo soy tonto —dijo Sancho—. Pero si quiere saber todo lo que dicen, traeré a alguien que se lo contará. Anoche* llegó el bachiller[24] Sansón Carrasco. Me dijo que nuestra historia estaba escrita en un libro titulado* *Ingenioso hidalgo don Quijote de la Mancha*. Dice también que hablan de mí por mi nombre de Sancho Panza y también de la señora Dulcinea del Toboso.[25] El libro cuenta cosas que pasamos

---

21 *Disparatados:* absurdos, irracionales.

22 *Sin rodeos:* directamente.

23 *Vuestra merced:* tratamiento de cortesía antiguo similar a «usted».

24 *Bachiller:* persona que tiene el primer grado de estudios que daban las universidades.

25 *Toboso:* pueblo de Toledo (provincia de España).

nosotros a solas y no me explico cómo las supo el historiador que las escribió.

—Seguro, Sancho —dijo don Quijote—, que el autor de nuestra historia es un sabio encantador.[26]

—Así será —replicó Sancho—. Traeré a Sansón si vuestra merced quiere.

—Me encantará, amigo —dijo don Quijote.

—Pues voy por él —respondió Sancho.

Y, dejando a su señor, se fue a buscar al bachiller.

26 *Encantador:* persona que hace encantamientos. Hechicero, mago.

CAPÍTULO III

Conversación con Sansón Carrasco

Don Quijote quedó pensativo esperando a Sansón Carrasco. Así lo encontraron Sancho y el bachiller. Don Quijote lo recibió con mucha cortesía.

Aunque se llamaba Sansón, el bachiller era pequeño de cuerpo. Era gran burlón[27] y de buen entendimiento. Al ver a don Quijote, se arrodilló[28] y le dijo:

—Deme vuestra grandeza las manos, señor don Quijote de la Mancha. Vuestra merced es uno de los más famosos caballeros andantes de la tierra.

Don Quijote le hizo levantar y dijo:

—Entonces, ¿es verdad que hay una historia mía?

—Es verdad —dijo Sansón—. Hoy están impresos* más de doce mil libros de vuestra historia.

---

[27] *Burlón:* persona que suele hacer bromas a los demás.

[28] *Se arrodilló:* se puso de rodillas; dobló las piernas y puso las rodillas en el suelo.

—Dígame, señor bachiller —dijo don Quijote—, ¿qué hazañas[29] mías son las más admiradas?

—En eso —respondió el bachiller—, hay diferentes opiniones: unos prefieren la aventura de los molinos de viento.[30] Otros la de los batanes,[31] o la de los rebaños,[32] o la del cuerpo muerto, o la de la libertad de los galeotes,[33] o la batalla con el vizcaíno.[34] Todas están en el libro, hasta los saltos de Sancho en la manta.

—Saltos en la manta no di, sino en el aire —dijo Sancho—. Por cierto, también dicen que soy yo uno de los principales presonajes[35] de la historia.

—*Personajes,* que no *presonajes* —dijo Sansón—. Vos sois la segunda persona de la historia. Se dice que sois bastante ingenuo* por creeros lo del gobierno de la ínsula.

—Aún es posible —dijo don Quijote—. Pedidlo a Dios, que no se mueve una hoja en el árbol sin su voluntad.

---

29 *Hazañas:* acciones difíciles o peligrosas que necesitan mucho valor.

30 *Molinos de viento:* edificaciones, generalmente con forma circular, dotadas de unas grandes aspas que el viento hace girar y mueven a su vez un mecanismo que sirve para moler el grano y hacer harina.

31 *Batanes:* máquinas compuestas por unos grandes martillos o mazos que, movidos por el agua u otra fuerza, sirven para limpiar las telas y comprimir los tejidos.

32 *Rebaños:* conjunto de animales, principalmente ovejas, cabras, etc.

33 *Galeotes:* delincuentes condenados a remar en unos barcos llamados galeras.

34 *Vizcaíno:* persona que es de Vizcaya (provincia de España).

35 *Presonajes:* expresión vulgar o incorrecta. En este caso, se utiliza en lugar de «personajes».

—Una de las faltas que ponen a la historia —dijo el bachiller— es que su autor puso en ella una novela titulada *El curioso impertinente*.[36] No por mala, sino por no tener que ver con la historia de don Quijote.

—Ahora digo que el autor de mi historia fue algún ignorante* hablador[37] —dijo don Quijote—. Harán falta explicaciones para entenderla.

—Eso no —respondió Sansón—, porque es tan clara que los niños la manosean,[38] los mozos[39] la leen, los hombres la entienden y los viejos la celebran.

—Y por casualidad* —dijo don Quijote—, ¿promete el autor segunda parte?

—Sí promete —respondió Sansón—, pero dice que no ha encontrado quién la tiene. Así que no se sabe si saldrá o no.

A lo que dijo Sancho:

—Si mi señor siguiese mi consejo, ya estaríamos deshaciendo agravios[40] y enderezando tuertos.[41]

---

36 *El curioso impertinente:* novela corta incluida en el *Quijote* que trata sobre los riesgos de poner a prueba la fidelidad de una esposa.

37 *Hablador:* que habla mucho.

38 *Manosean:* tocan una cosa demasiadas veces con las manos.

39 *Mozos:* hombres jóvenes.

40 *Agravios:* daños o perjuicios.

41 *Enderezando tuertos:* solucionando injusticias.

En ese momento, oyeron relinchos[42] de Rocinante. Don Quijote pensó que era una buena señal y decidió hacer otra salida en unos días. Se lo dijo al bachiller y le preguntó por dónde empezar el viaje. El bachiller le respondió que debía ir a Zaragoza[43] porque había unas justas[44] muy importantes. Acordaron que la salida sería en ocho días. Don Quijote pidió al bachiller que no dijese nada a nadie. No quería que se lo impidiesen. Todo lo prometió Sansón Carrasco y él, por su parte, pidió a don Quijote que le contase todas sus aventuras. Después, se despidieron y Sancho fue a preparar lo necesario para su viaje.

---

42 *Relinchos:* sonidos que hacen los caballos con la boca.

43 *Zaragoza:* ciudad española, capital de Aragón.

44 *Justas:* competiciones en las que los caballeros mostraban su habilidad con las armas.

CAPÍTULO IV

◄3 *Conversación entre Sancho Panza y su mujer Teresa Panza*

(El traductor* de esta historia dice que este capítulo es falso porque en él Sancho Panza dice cosas tan ingeniosas que no pueden ser suyas. Sin embargo, no quiso dejar de traducirlo por cumplir con su trabajo.)

Sancho llegó a su casa muy alegre. Su mujer le preguntó:

—¿Por qué vienes tan alegre?

A lo que Sancho respondió:

—Mujer mía, si Dios quisiera, bien me alegraría yo de no estar tan contento.

—No os entiendo, marido —replicó ella—. Que aunque tonta, no sé yo quién recibe gusto de no tenerlo.

—Mirad, Teresa, estoy alegre porque voy a servir a mi señor don Quijote otra vez. Pero mi alegría se mezcla con la tristeza de dejarte.

—Mirad, Sancho —contestó Teresa—, desde que estáis en la caballería andante no se os entiende al hablar.

—Basta que me entienda Dios —respondió Sancho—. Os digo, mujer, que me caiga muerto[45] ahora si no seré gobernador de una ínsula.

—Si consigues algún gobierno —dijo Teresa—, no te olvides de mí y de tus hijos.

—Estoy seguro —respondió Sancho— de que si Dios me da un gobierno, casaré a nuestra hija con un conde.*

—Eso no, Sancho —respondió Teresa—. Lo más acertado es casarla con su igual.

—Cásese a Mari Sancha con quien yo quiera —replicó Sancho—. Ella será condesa,* digas lo que digas.

—¿Ves lo que dices, marido? —respondió Teresa—. Temo que este condado[46] de mi hija será su perdición.[47] Haz lo que quieras, pero no será con mi aprobación. Vete con don Quijote a vuestras aventuras y déjanos a nosotras con nuestra mala suerte.

—Ven acá, ignorante —replicó Sancho—. ¿Por qué no quieres lo que yo quiero?

—¿Sabéis por qué, marido? —respondió Teresa—. Porque a los ricos que fueron pobres se los critica* y maldice.*

---

45 *Que me caiga muerto:* que me muera. Expresión que suele utilizarse a modo de juramento para demostrar que lo que se dice es verdad.

46 *Condado:* territorio que gobierna un conde.

47 *Perdición:* desgracia.

—Mira, Teresa, según dijo un predicador,[48] si vemos a una persona bien vestida y con criados, la respetamos. Pues así será.

—Yo no os entiendo, marido —replicó Teresa—. Haced lo que queráis.

—Entonces, estamos de acuerdo —dijo Sancho— en que nuestra hija será condesa.

—El día que yo la vea condesa —respondió Teresa—, ese día pensaré que la entierro. Pero ya os digo que hagáis lo que queráis. Las mujeres nacemos para obedecer a nuestros maridos, aunque sean tontos.

En esto, comenzó a llorar y Sancho la consoló. Así acabó su conversación y Sancho fue a ver a don Quijote para preparar la salida.

[48] *Predicador:* persona que pronuncia sermones.

CAPÍTULO V

Don Quijote y Sancho preparan su tercera salida

Mientras Sancho Panza y su mujer conversaban, la criada y la sobrina de don Quijote estaban preocupadas. Sospechaban que su señor quería buscar aventuras de nuevo. Intentaban apartarle de esa idea, pero era predicar en el desierto.[49]

—¡Señor mío! —dijo la sobrina—. Todo lo que dice de los caballeros andantes es mentira.

—Si no fueras mi sobrina —dijo don Quijote— te castigaría por la blasfemia[50] que has dicho.

En ese momento, llamó Sancho a la puerta. Le abrió la sobrina y don Quijote salió a recibirlo con los brazos abiertos.[51] Después se encerraron en su habitación para hablar.

Cuando la criada vio que Sancho se encerraba con su señor, imaginó lo que tramaban.* Supuso que preparaban la tercera salida. Así

---

49 *Predicar en el desierto:* esforzarse inútilmente por convencer a alguien de algo que no está dispuesto a admitir.

50 *Blasfemia:* expresión o palabra que se dice con mala intención contra Dios o las cosas sagradas.

51 *Brazos abiertos:* modo cariñoso o acogedor de recibir a alguien.

que fue a buscar a Sansón Carrasco para que hiciese cambiar de opinión a don Quijote. La criada encontró al bachiller paseándose por el patio de su casa. Cuando Carrasco la vio tan sobresaltada, le dijo:

—¿Qué le pasa, señora criada?

—Señor Sansón, no es nada, sino que don Alonso se sale.

—¿Por dónde se sale, señora? —preguntó Sansón—. ¿Se le ha roto alguna parte del cuerpo?

—Se sale por la puerta de su locura —respondió ella—. Quiere salir otra vez a buscar aventuras.

Sansón tranquilizó a la criada y le dijo que iría más tarde para hablar con don Quijote, lo que se dirá a su tiempo.

Durante el tiempo que don Quijote y Sancho estuvieron encerrados, cuenta la historia que tuvieron la siguiente conversación:

Dijo Sancho al caballero:

—Señor, ya tengo relucida[52] a mi mujer para que me deje ir con vuestra merced donde quiera llevarme.

—*Reducida* debes decir, Sancho —dijo don Quijote—, no *relucida*. Y, ¿qué dice Teresa?

—Teresa dice —dijo Sancho— que ate bien mi dedo[53] con vuestra merced. Y yo digo que el consejo de la mujer es poco, y que quien no lo toma es loco.

---

[52] *Relucida:* expresión vulgar o incorrecta. En este caso, se utiliza en lugar de «reducida».

[53] *Que ate bien mi dedo:* que sea precavido, que negocie bien.

—Yo también lo digo —respondió don Quijote—. Continúa hablando, Sancho amigo.

—Como vuestra merced sabe —replicó Sancho—, todos moriremos. Así que dígame qué salario ganaré cada mes.

—Mira, Sancho —respondió don Quijote—, nunca leí que los caballeros andantes den salario a sus escuderos.[54] Sólo sé que cuando menos lo esperaban, eran premiados con una ínsula. Si con estas esperanzas quieres servirme, sea en buena hora.[55] Así que, Sancho mío, volved a casa y decidle mi intención a vuestra Teresa. Si ella y tú estáis de acuerdo, bien; si no, tan amigos como antes. A mí no me faltarán escuderos más obedientes[56] y menos habladores que tú.

Estando Sancho pensativo por la respuesta de su señor, llegó Sansón a casa de don Quijote, lo abrazó y le dijo:

—¡Oh flor de la andante caballería! Póngase en camino y si le falta algo, aquí estoy yo para ser su escudero.

—¿No te dije, Sancho —dijo don Quijote—, que me sobrarían escuderos? Pero, quédese Sansón en su patria, que yo con cualquier escudero estaré contento, ya que Sancho no quiere venir conmigo.

—Sí quiero —respondió Sancho con los ojos llenos de lágrimas—. He hablado del salario por satisfacer a mi mujer. Pero el hombre debe ser hombre en todas partes y también en su casa. Así que no hay más que hablar. Pongámonos en camino.

---

[54] *Escuderos:* mozos de compañía al servicio de un señor.

[55] *Sea en buena hora:* de acuerdo, está bien.

[56] *Obedientes:* que hacen lo que otros les dicen que hagan.

Finalmente, don Quijote y Sancho se abrazaron y quedaron amigos. Con el parecer y beneplácito[57] del bachiller Carrasco, se ordenó la partida de allí a tres días.

La criada y la sobrina maldijeron al bachiller por animar a don Quijote en sus desvaríos.[58]

Pasados tres días, salieron caballero y escudero camino del Toboso. Salieron al anochecer[59] sin que nadie los viese.

[57] *Beneplácito:* aprobación o visto bueno.
[58] *Desvaríos:* locuras.
[59] *Anochecer:* comenzar a hacerse de noche.

CAPÍTULO VI

◀4 *Tercera salida*

«¡Bendito sea el poderoso Alá!»,[60] dice Hamete Benengeli al comenzar de nuevo las aventuras de don Quijote y Sancho. Cuenta que iban camino del Toboso. Que pasó una noche y un día sin sucederles nada. Finalmente, al anochecer, descubrieron la gran ciudad del Toboso. Don Quijote se alegró mucho, pero Sancho no. Ni conocía la casa de Dulcinea ni la vio en su vida. Don Quijote ordenó entrar en la ciudad por la noche. Mientras esperaban, descansaron entre unos árboles.

A medianoche[61] don Quijote y Sancho entraron en el Toboso. El pueblo estaba en silencio. Todos sus vecinos dormían a pierna suelta[62] y sólo se oían ladridos[63] de perros.

Don Quijote dijo a Sancho:

—Sancho, guía al palacio de Dulcinea. Quizás esté despierta.

---

60 *Bendito sea el poderoso Alá:* expresión exclamativa que se utiliza para manifestar sorpresa o alegría.

61 *A medianoche:* a las doce de la noche. Momento en que finaliza el día y comienza la noche.

62 *Dormían a pierna suelta:* dormían muy profundamente.

63 *Ladridos:* sonidos que hacen los perros con la boca.

—¿A qué palacio? —respondió Sancho—. Yo vi a Dulcinea en una casa muy pequeña. Además, ¿son horas estas de encontrar la puerta abierta? ¿Vamos a casa de nuestras mancebas,[64] como hacen los amancebados[65] que llegan, llaman y entran a cualquier hora?

—Busquemos primero el palacio y luego te diré lo que haremos —replicó don Quijote—. Mira, Sancho, allí hay un bulto* grande que debe de ser el palacio de Dulcinea.

—Pues guíe vuestra merced —respondió Sancho.

Guió don Quijote y descubrió que el bulto era la torre de la iglesia. Y dijo:

—Con la iglesia hemos dado,[66] Sancho.

—Ya lo veo —respondió Sancho—. Pida a Dios que no encontremos nuestra sepultura.[67] No es buena señal andar por los cementerios* a estas horas. Además, ya le dije que la casa de esta señora está en una calle sin salida.

—¡Maldito seas de Dios,[68] imbécil! —dijo don Quijote—. ¿Dónde has visto que los palacios estén en calles sin salida?

—¿Cómo quiere que encuentre la casa de nuestra señora —respondió Sancho— si sólo la vi una vez? ¿Cómo voy a encontrarla si vuestra merced la habrá visto miles de veces y tampoco la encuentra?

---

[64] *Mancebas:* mujeres jóvenes.

[65] *Amancebados:* personas que tienen relaciones con otras de distinto sexo como si estuvieran casados, pero sin estarlo.

[66] *Con la iglesia hemos dado:* la iglesia hemos encontrado.

[67] *Sepultura:* lugar donde se entierra a una persona muerta.

[68] *Maldito seas de Dios:* expresión de gran enfado contra algo o alguien.

—Tú me harás desesperar, Sancho —dijo don Quijote—. ¿No te he dicho mil veces que nunca he visto a la hermosa Dulcinea y que sólo estoy enamorado de oídas?[69]

—Ahora lo oigo —respondió Sancho—, y pues vuestra merced no la ha visto, ni yo tampoco...

—Eso no puede ser —replicó don Quijote—. Por lo menos la viste una vez cuando le trajiste la carta.

—También fue de oídas la vista y la respuesta —respondió Sancho.

—Sancho, Sancho —respondió don Quijote—, hay momentos para las burlas y otros donde parecen mal. Porque yo diga que ni vi ni hablé con la señora de mi alma, tú no debes decir lo mismo.

—Señor, se va a hacer de día —dijo Sancho— y no conviene que nos vean en la calle. Será mejor salir de la ciudad. Yo volveré de día y buscaré el palacio de mi señora.

—Me parece bien —dijo don Quijote—. Ven, hijo, vamos a buscar un sitio donde te esperaré mientras buscas a mi señora.

Sancho se desesperaba por sacar a su señor del pueblo. No quería que averiguase la mentira sobre la carta de Dulcinea. Así que se dio prisa en salir. A unos metros encontraron un bosque donde don Quijote se quedó esperando a Sancho.

---

[69] *De oídas:* sin conocimiento directo; que se conoce sólo por haberlo oído.

CAPÍTULO VII

5 *Encantamiento*[70] *de Dulcinea*

Al llegar el autor de esta gran historia a contar lo que sigue, dice que preferiría callarlo. Teme que no se crean las locuras de don Quijote. Finalmente, aunque con miedo, las escribió sin añadir ni quitar nada a la historia.

Y así, continuando la historia, dice que don Quijote se metió en el bosque y mandó a Sancho volver al Toboso.

—Anda, hijo —replicó don Quijote—, y no te turbes* al ver la luz del sol de hermosura* que vas a buscar. ¡Dichoso tú sobre todos los escuderos del mundo!

Sancho dio la vuelta y fue otra vez hacia el Toboso. Estaba confuso y pensativo. Cuando salió del bosque, volvió la cabeza y no vio a don Quijote. Entonces se bajó del burro y comenzó a hablar consigo mismo.

—Sepamos ahora, Sancho hermano, dónde vas. ¿Qué vas a buscar? A una princesa.* ¿Adónde? A la gran ciudad del Toboso. ¿Y la has visto algún día? Ni yo ni mi señor la vimos nunca. ¡El diablo,

---

70 *Encantamiento:* práctica mágica que sirve para lograr efectos maravillosos; hechizo.

el diablo me ha metido a mí en esto! Pero todas las cosas tienen remedio. Mi señor es un loco de atar.[71] Y yo también, por seguirlo y servirlo, que, como dice el refrán*: «Dime con quién andas y te diré quién eres».[72] Como está loco, le haré creer que la primera labradora[73] que encuentre es la señora Dulcinea.

Sancho se tranquilizó con este pensamiento. Decidió esperar hasta la tarde para volver con su señor. Pero cuando iba a subir sobre su burro, vio a tres labradoras venir del Toboso. En cuanto las vio, fue corriendo a buscar a su señor don Quijote. Cuando don Quijote lo vio, le dijo:

—¿Qué pasa, Sancho amigo? ¿Traes buenas noticias?

—Muy buenas —respondió Sancho—. La señora Dulcinea del Toboso viene con dos doncellas[74] a ver a vuestra merced.

—¡Santo Dios! ¿Qué es lo que dices, Sancho amigo? —dijo don Quijote—. No me engañes, ni quieras alegrar mis verdaderas tristezas con falsas alegrías.

—¿Qué saco yo engañándolo? —respondió Sancho—. Venga y verá venir a la princesa, nuestra ama, vestida y adornada[75] como quien ella es.

---

71 *Loco de atar:* completamente loco.

72 *Dime con quién andas y te diré quién eres:* expresión que indica que las costumbres y el modo de ser de una persona pueden intuirse conociendo las compañías que frecuenta.

73 *Labradora:* persona que trabaja en el campo sembrando o recogiendo trigo, patatas y otros productos.

74 *Doncellas:* mujeres jóvenes y vírgenes; también criadas.

75 *Adornada:* embellecida con cosas que atraigan a los demás.

—Vamos, Sancho hijo —respondió don Quijote.

Salieron del bosque y descubrieron cerca a las tres aldeanas.[76] Don Quijote miró por todo el camino, pero sólo vio a las tres labradoras sobre tres burros. Muy alterado*, le preguntó a Sancho dónde estaban Dulcinea y sus doncellas. Éste le contestó:

—¿Por ventura, tiene vuestra merced los ojos en la nuca?[77] ¿No ve que son las que vienen por aquí, brillantes como el sol a mediodía?

—Yo sólo veo, Sancho —dijo don Quijote—, a tres labradoras sobre tres burros.

—¡Que me libre Dios del diablo! ¿Es posible que tres jacas[78] blancas como la nieve le parezcan burros? Calle, señor —dijo Sancho—. Abra los ojos y haga reverencia[79] a la señora de sus pensamientos.

Diciendo esto, se adelantó a recibir a las tres aldeanas. Se bajó del burro, se arrodilló y dijo:

—Reina y princesa de la hermosura. Reciba con buena actitud a vuestro cautivo* caballero. Yo soy Sancho Panza, su escudero. Él es don Quijote de la Mancha, llamado también el Caballero de la Triste Figura.

Don Quijote también se arrodilló junto a Sancho. Miraba con ojos desencajados[80] a la que Sancho llamaba reina y señora. A él le pare-

---

[76] *Aldeanas:* habitantes de una aldea; paletas.

[77] *Nuca:* parte posterior de la cabeza, donde ésta se une con el cuello.

[78] *Jacas:* caballos pequeños.

[79] *Reverencia:* inclinación del cuerpo en señal de respeto.

[80] *Desencajados:* que están fuera de su sitio por miedo o sorpresa. Fuera de sí.

cía una moza fea y carirredonda.[81] Estaba tan sorprendido que no se atrevía a abrir la boca. Las labradoras también estaban sorprendidas. Como no les dejaban pasar, la fingida[82] Dulcinea dijo:

—Apártense ahora del camino y déjennos pasar, que tenemos prisa.

A lo que respondió Sancho:

—¡Oh princesa y señora universal del Toboso! ¿Cómo no se ablanda* vuestro corazón al ver arrodillado a la columna de la andante caballería?

Al oírlo, dijo otra de las labradoras:

—¡Mirad los señoritos que vienen a burlarse* de las aldeanas! Sigan su camino y déjennos hacer el nuestro.

—Levántate, Sancho —dijo entonces don Quijote—, que la Fortuna no se cansa de mis males. Y tú, ¡único remedio de mi triste corazón! El maligno* encantador que me persigue ha puesto nubes y cataratas[83] en mis ojos. Ha transformado tu hermosura y rostro en el de una labradora pobre. Pero tú no dejes de mirarme amorosamente[84] y fíjate en la humildad[85] con que mi alma te adora.

—¡Abuelo, apártese y déjenos ir! —respondió la aldeana.

---

81 *Carirredonda:* que tiene la cara redonda.

82 *Fingida:* inventada, falsa.

83 *Ha puesto nubes y cataratas:* me ha cegado.

84 *Amorosamente:* con mucho amor.

85 *Humildad:* cualidad de la persona modesta que reconoce sus propios errores y debilidades.

Sancho se apartó y las dejó irse. Estaba muy contento porque salió bien su engaño.* Don Quijote las siguió con la vista. Cuando desaparecieron, se volvió a Sancho y le dijo:

—Sancho, ¿qué te parece lo mal que me quieren los encantadores? Su malicia[86] me ha quitado la alegría de ver a mi señora en su ser.

—¡Oh canalla![87] —gritó Sancho.

—Soy el más desgraciado* de los hombres —dijo don Quijote.

Sancho se esforzaba por disimular la risa al oír a su señor. Luego, después de hablar un rato sobre el encantamiento de Dulcinea, montaron en sus animales y siguieron el camino a Zaragoza.

---

86 *Malicia:* maldad.

87 *Canalla:* que se comporta de manera ruin y despreciable con los demás.

CAPÍTULO VIII

Aventura del carro de la muerte

Don Quijote iba pensativo por la burla de los encantadores. No imaginaba qué remedio tenía el encantamiento de Dulcinea. Entonces apareció un carro con los más diversos y extraños personajes. El carretero[88] era un feo demonio. También estaba la Muerte, un ángel, un emperador, el dios Cupido[89] y otras personas con diferentes trajes. Al verlos, don Quijote se alborotó[90] y Sancho tuvo miedo, pero, al momento, don Quijote se alegró. Pensaba que era una nueva y peligrosa aventura. Se puso delante del carro y con voz alta y amenazadora[91] dijo:

—Carretero o diablo, dime quién eres, dónde vas y quién es la gente que va en el carro.

El diablo respondió:

—Señor, somos comediantes[92] de la compañía de Angulo el Malo. Hemos representado en un pueblo la obra de *Las Cortes de la Muerte*.

---

[88] *Carretero:* persona que conduce un carro.

[89] *Cupido:* en la mitología romana, dios del amor.

[90] *Se alborotó:* provocó confusión, desorden o alteración.

[91] *Amenazadora:* que amenaza o tiene aspecto de producir daño.

[92] *Comediantes:* personas que actúan o representan a un personaje de comedia; cómicos.

Esta tarde vamos a hacerlo en otro pueblo. Por eso llevamos todavía los vestidos de la representación.

—Imaginé que se me ofrecía alguna gran aventura —respondió don Quijote—. Sin embargo, es necesario tocar las apariencias con la mano para desengañarse.[93] Andad con Dios, buena gente, y haced vuestra fiesta.

---

[93] *Desengañarse:* salir o sacar a alguien del error en que estaba.

CAPÍTULO IX

◀6 *Aventura del Caballero de los Espejos*

Por la noche, don Quijote y su escudero descansaron debajo de unos altos árboles. Los dos se quedaron dormidos. Pero, poco después, los despertó un ruido. Don Quijote se levantó y se puso a mirar y a escuchar. Vio que eran dos hombres a caballo. Uno de ellos bajó del caballo y dijo al otro:

—Bájate, amigo. Este sitio tiene mucha hierba para los caballos y silencio para mis amorosos pensamientos.

Después, el hombre se tumbó* en el suelo e hicieron ruido las armas que llevaba. Don Quijote supuso, por tanto, que era caballero andante. Entonces, se acercó a Sancho y lo despertó. En voz baja le dijo:

—Hermano Sancho, tenemos aventura.

—Dios nos la dé buena —respondió Sancho—. ¿Dónde está esa aventura?

—¿Dónde, Sancho? —replicó don Quijote—. Mira allí. Verás tumbado a un caballero andante.

—Pero, ¿por qué sabe vuestra merced —dijo Sancho— que es una aventura?

—No quiero decir —respondió don Quijote— que sea aventura del todo, pero sí el principio. Así se comienzan las aventuras. Pero escucha, parece que está templando[94] un laúd[95] y va a cantar algo.

—Parece que sí —respondió Sancho— y debe de ser caballero enamorado.

—No hay ninguno que no lo sea —dijo don Quijote—. Vamos a escucharlo.

Los dos oyeron atónitos[96] el soneto[97] que cantó el Caballero del Bosque. Con un ¡ay! arrancado de lo íntimo de su corazón, dio fin a su canto.

Poco después, con voz lastimera,[98] dijo:

—¡Oh la más hermosa y la más ingrata[99] mujer del mundo! ¿No es suficiente haber hecho que todos los caballeros confiesen* que eres la más hermosa del mundo?

—Eso no —dijo don Quijote—, que yo nunca confesé eso. Pero, sigamos escuchando.

Sin embargo, el Caballero del Bosque se calló porque oyó que alguien hablaba cerca de él. Se puso en pie y dijo con voz sonora:

—¿Quién está ahí? ¿Sois de los contentos o de los tristes?

---

94 *Templando:* afinando o preparando un instrumento para que suene bien.

95 *Laúd:* instrumento musical de cuerda más pequeño que la guitarra.

96 *Atónitos:* sorprendidos por algo que no comprenden; asombrados, pasmados.

97 *Soneto:* composición poética de catorce versos.

98 *Lastimera:* triste.

99 *Ingrata:* que no agradece un favor recibido.

—De los tristes —respondió don Quijote.

—Pues venga a mí —respondió el del Bosque.

Don Quijote se acercó a él. El caballero cogió a don Quijote del brazo y le dijo:

—Sentaos aquí, señor caballero. Por suerte, ¿estáis enamorado? —preguntó el del Bosque.

—Por mala suerte lo estoy —respondió don Quijote.

Mientras hablaban, el escudero del caballero del Bosque cogió a Sancho por el brazo y le dijo:

—Vámonos donde podamos hablar escuderilmente.[100] Dejemos a nuestros amos contándose las historias de sus amores.

—Sea en buena hora —dijo Sancho.

---

100 *Escuderilmente:* como hablan los escuderos.

CAPÍTULO X

Continúa la aventura del Caballero del Bosque

El Caballero del Bosque contó a don Quijote quién era su amada y qué cosas hizo por ella. Entre estas cosas, dijo a don Quijote:

—Estoy orgulloso* de haber vencido al famoso caballero don Quijote de la Mancha. Él confesó que mi Casildea es más hermosa que su Dulcinea.

Don Quijote quedó admirado por lo que decía el Caballero del Bosque. Le dijo tranquilamente:[101]

—Vuestra merced vencería a casi todos los caballeros andantes de España. Pero no a don Quijote de la Mancha.

—¿Cómo no? —replicó el del Bosque—. Juro que peleé con don Quijote y lo vencí.

—Aquí está el mismo don Quijote —dijo el de la Triste Figura—, y me defenderé de sus mentiras.

Diciendo esto, se levantó y cogió la espada.* El Caballero del Bosque respondió:

---

[101] *Tranquilamente:* con tranquilidad, con calma.

—El que una vez os venció, tiene esperanza de rendiros de nuevo. Pero esperemos el día para que el sol vea nuestras obras. El vencido quedará a voluntad del vencedor. Hará todo lo que se le ordene.

—Me parece bien esa condición —respondió don Quijote.

Después fueron donde estaban sus escuderos. Estaban roncando.[102] Los despertaron y les mandaron preparar los caballos para la batalla. Los dos escuderos fueron a buscar a los animales y en el camino, dijo el del Bosque a Sancho:

—Es costumbre, hermano, que nosotros peleemos también mientras nuestros amos pelean.

—Esa costumbre no es para los escuderos de los caballeros andantes —respondió Sancho—. Nunca he oído a mi señor decirlo. Además, no puedo pelear sin espada.

—Yo sé un remedio —dijo el del Bosque—. Traigo dos talegas.[103] Tú tomarás una y yo otra y pelearemos a talegazos.[104]

—Señor mío, yo no pelearé —respondió Sancho—, que peleen nuestros amos.

En esto, se hizo de día. Lo primero que vio Sancho fue la nariz del otro escudero. Era tan grande que casi le hacía sombra a todo el cuerpo. Era demasiado grande, llena de verrugas[105] y de color

---

102 *Roncando:* haciendo ruido al respirar mientras duermen.

103 *Talegas:* bolsas de tela, largas y estrechas, que se usan para guardar o llevar cosas.

104 *Talegazos:* golpes fuertes dados con una talega.

105 *Verrugas:* bultos de la piel redondos y de color oscuro.

morado. Le afeaba[106] tanto el rostro, que Sancho empezó a temblar al verlo. Don Quijote miró a su rival.* Tenía puesto el casco,* así que no pudo verle el rostro. Pero notó que era un hombre fuerte y no muy alto. Sobre las armas llevaba una capa con espejos en forma de lunas pequeñas. Don Quijote miró todo y pensó que su rival debía de tener grandes fuerzas. Luego le dijo:

—Señor caballero, levantad la visera[107] para que os vea el rostro.

—Vencido o vencedor, señor caballero —respondió el de los Espejos—, tendréis tiempo de verme.

Subieron los dos a caballo y tomaron la distancia conveniente para la batalla. No se apartó don Quijote veinte pasos cuando oyó decir al de los Espejos:

—Recordad, señor caballero, que el vencido quedará a disposición del vencedor.

—Lo sé —respondió don Quijote.

Don Quijote vio entonces las narices del escudero y no se admiró menos que Sancho. Éste, al ver partir a su señor, no quiso estar solo con el narigudo[108] y se fue tras don Quijote. Y le dijo:

—Le suplico, señor mío, que me ayude a subir a aquel árbol. Allí podré ver mejor la batalla.

---

106 *Afeaba:* hacía feo o desagradable.

107 *Visera:* parte del casco que cubre la cara para protegerla durante las batallas.

108 *Narigudo:* que tiene una nariz muy grande y desproporcionada.

—Creo, Sancho —dijo don Quijote—, que quieres subir al árbol para evitar el peligro.

—La verdad —respondió Sancho— es que me dan miedo las narices del escudero. No me atrevo a estar junto a él.

—Ven, te ayudaré a subir donde dices —dijo don Quijote.

Mientras don Quijote ayudaba a Sancho, el Caballero de los Espejos tomó la distancia necesaria. Como creía que don Quijote había hecho lo mismo, dio la vuelta al caballo. Sin esperar ninguna señal, fue a todo correr hacia su enemigo. Cuando lo vio ocupado con Sancho, se detuvo en la mitad de la carrera. Su caballo lo agradeció muchísimo porque ya no podía moverse.

Pero como don Quijote sintió que su enemigo venía volando, hizo correr a Rocinante como nunca. Llegó donde estaba el de los Espejos. No podía mover a su caballo ni un dedo y don Quijote le golpeó con tanta fuerza que lo tiró al suelo. Fue tan grande la caída que no se podía mover. Parecía que estaba muerto.

Sancho fue corriendo donde estaba su señor. Mientras, don Quijote se bajó de Rocinante y le quitó el casco al caballero para ver si estaba muerto. Entonces vio el rostro del bachiller Sansón Carrasco y dijo:

—¡Ven, Sancho, mira lo que vas a ver y no vas a creer!

Llegó Sancho y cuando vio el rostro del bachiller se hizo mil cruces.[109] Como no daba muestras de estar vivo, Sancho dijo a don Quijote:

---

109 *Se hizo mil cruces:* se santiguó muchas veces.

—Señor mío, métale la espada por la boca. Quizá matará a alguno de sus enemigos los encantadores.

—No dices mal —dijo don Quijote—, porque de los enemigos, los menos.

Sacó la espada e iba a seguir el consejo de Sancho cuando llegó el otro escudero. Venía gritando sin las narices:

—Señor don Quijote, ése es el bachiller Sansón Carrasco, su amigo, y yo soy su escudero.

Al verlo Sancho sin las narices, le dijo:

—¿Y las narices?

El otro respondió:

—Aquí las tengo.

Sacó del bolsillo unas narices hechas de pasta. Sancho lo miraba y lo miraba, y al final exclamó:

—¡Santa María! ¿Eres Tomé Cecial, mi vecino?

—Claro que lo soy —respondió el escudero.

Entonces volvió en sí[110] el de los Espejos. Don Quijote le puso la punta de la espada en la cara y le dijo:

—Muerto sois, caballero, si no confesáis que Dulcinea es más bella que vuestra Casildea.

—Confieso —dijo el caballero.

---

110 *Volvió en sí:* recuperó el sentido, recobró la conciencia.

—También tenéis que confesar —añadió don Quijote— que no vencisteis a don Quijote de la Mancha. Debió de ser otro que se parecía. Igual que os parecéis al bachiller Sansón Carrasco y no lo sois.

—Todo lo confieso —respondió el caballero—. Dejadme levantar, os lo ruego.

Don Quijote y Tomé Cecial le ayudaron a levantarse. Sancho no apartaba los ojos del escudero. Le preguntaba cosas para ver si era verdaderamente Tomé Cecial. Pero no podía creer lo que veía. Según su señor, los encantadores cambiaron la figura del Caballero de los Espejos por la del bachiller. Por tanto, lo mismo debieron hacer con la figura de su escudero. Finalmente, caballero y mozo quedaron engañados.[111] El de los Espejos y su escudero se marcharon. Don Quijote y Sancho continuaron su camino a Zaragoza.

Pero el caballero de los Espejos era realmente el bachiller Sansón Carrasco. El bachiller había preparado un plan para que don Quijote no buscase más aventuras. Decidió dejar salir a don Quijote. Él lo seguiría como caballero andante. Después pelearían y vencería a don Quijote. Entonces le obligaría a volver a su pueblo sin poder salir durante dos años. Así podrían buscar un remedio para su locura. Sansón se armó y Tomé Cecial se puso las narices falsas para no ser conocido por Sancho. Luego siguieron el mismo viaje que llevaba don Quijote. Finalmente, los encontraron en el bosque.

Tomé Cecial, al ver lo mal que había salido todo, dijo al bachiller:

---

[111] *Engañados:* que les han hecho creer algo que no es cierto mediante mentiras.

—Señor Sansón Carrasco, tenemos nuestro merecido. Don Quijote loco, nosotros cuerdos: él se va sano y riendo y vuestra merced molido[112] y triste. ¿Quién es más loco?

Sansón respondió:

—Hay una diferencia entre esos dos locos. El loco por fuerza lo es siempre y el que lo es por voluntad puede dejar de serlo cuando quiera.

—Así es —dijo Tomé Cecial—, yo fui loco por voluntad al ser vuestro escudero y ahora quiero dejar de serlo y volver a mi casa.

—Es vuestro derecho —respondió Sansón—. Pero yo no volveré a la mía hasta moler* a palos a don Quijote.

En esto llegaron a un pueblo donde Tomé Cecial dejó a Sansón y volvió a casa. Mientras, el bachiller quedó imaginando su venganza. La historia vuelve a hablar de él más adelante.

---

[112] *Molido:* malherido.

CAPÍTULO XI

◄7 *Encuentro con el Caballero del Verde Gabán*[113]

Don Quijote estaba muy contento. Imaginaba ser el caballero andante más valiente del mundo. Mientras continuaban su camino, don Quijote y Sancho Panza hablaban sobre los encantadores y encantamientos a que estaban sometidos. Don Quijote decía así:

—Todo es obra de los malignos magos[114] que me persiguen. Vieron que yo ganaría la batalla y cambiaron el rostro de aquel caballero por el de mi amigo el bachiller. Ya sabes, ¡oh Sancho!, lo fácil que es para los encantadores cambiar unos rostros por otros. Convierten lo hermoso en feo y lo feo en hermoso. Hace dos días que viste por tus propios ojos la hermosura de Dulcinea y yo vi la fealdad[115] de una labradora. Pero me consuelo porque he quedado vencedor de mi enemigo.

—Dios sabe la verdad de todo —respondió Sancho.

---

113 *Gabán:* capa con mangas y capucha.

114 *Magos:* personas que usan fuerzas ocultas de la naturaleza para transformar algo o a alguien.

115 *Fealdad:* cualidad de lo que carece de belleza o es desagradable a la vista.

Como Sancho sabía el engaño de la transformación de Dulcinea, no le convencían las fantasías de su señor. Pero no dijo nada para no descubrir su mentira.

Al rato les alcanzó un hombre vestido con un gabán verde. Les saludó cortésmente[116] y siguió su camino. Pero don Quijote le dijo:

—Señor, si lleva el mismo camino que nosotros, me gustaría ir juntos.

El del Verde Gabán detuvo su caballo y se sorprendió de la figura de don Quijote. Los dos se miraron durante un rato. Don Quijote notó que el caminante* le miraba atentamente.[117] Como era tan cortés,[118] le dijo sin esperar ninguna pregunta:

—Seguro que mi figura le ha sorprendido. Soy caballero

«de éstos que dicen las gentes
que a sus aventuras van».

Quise resucitar* la ya muerta caballería andante. Y mis valientes hazañas están impresas en casi todas las naciones del mundo. Soy don Quijote de la Mancha, también llamado el Caballero de la Triste Figura.

Calló entonces don Quijote y el del Verde Gabán no sabía qué decir. Después de un rato dijo:

—Acertaste, señor caballero, en conocer mi deseo. Sin embargo, ahora que sé quién sois, estoy más sorprendido que antes.

---

116 *Cortésmente:* con educación.
117 *Atentamente:* con atención o respeto.
118 *Cortés:* que es educado y tiene buenos modales.

Don Quijote le rogó que le dijese quién era. El del Verde Gabán respondió:

—Yo, señor Caballero de la Triste Figura, soy un hidalgo. Mi nombre es don Diego de Miranda y soy rico. Tengo mujer e hijos. Mis aficiones son la caza y la pesca.*

Mientras don Quijote y el Caballero del Verde Gabán conversaban, Sancho se apartó del camino y se acercó a unos pastores. En esto, don Quijote vio un carro con banderas reales por el camino. Creyó que era una nueva aventura. Llamó a gritos a Sancho para que le diese el casco. Sancho, al oírle, dejó a los pastores y llegó donde estaba su señor.

CAPÍTULO XII

◀8 *Aventura de los leones*

Cuenta la historia que cuando don Quijote gritaba a Sancho, éste estaba comprando requesones[119] a unos pastores. Con las prisas, Sancho no supo qué hacer con los requesones y los guardó en el casco.

Cuando llegó, don Quijote le dijo:

—Dame el casco. Allí veo una aventura y necesito mis armas.

El del Verde Gabán miró por todas partes. Sólo vio un carro con banderas pequeñas. Don Quijote cogió su casco y se lo puso en la cabeza. Entonces empezó a caerle el suero[120] de los requesones por toda la cara. Don Quijote se asustó y dijo a Sancho:

—¿Qué será esto, Sancho? Parece que se me derrite[121] el cerebro. Dame algo para limpiarme.

Sancho se calló y le dio un paño. Don Quijote se limpió y se quitó el casco. Vio los requesones, los olió y dijo:

---

[119] *Requesones:* masas blandas hechas con la leche cuajada.

[120] *Suero:* grasilla blanca y pegajosa.

[121] *Derrite:* deshace algo sólido mediante el calor hasta volverse líquido.

—Por vida de mi señora Dulcinea, son requesones, mal escudero.

Sancho, disimulando, respondió:

—Si son requesones, démelos. Yo me los comeré. Seguro que los puso el diablo ahí. Yo no me atrevería a ensuciar[122] su casco.

—Todo puede ser —dijo don Quijote.

El hidalgo miraba todo y estaba cada vez más sorprendido. En esto, llegó el carro de las banderas. Don Quijote se puso delante y dijo:

—¿Adónde vais, hermanos? ¿Qué lleváis en el carro?

El carretero respondió:

—El carro es mío. Dentro hay dos bravos leones. Son un regalo para el Rey.

—Y ¿son grandes los leones? —preguntó don Quijote.

—Tan grandes —respondió el leonero—[123] que nunca he visto mayores. Son hembra y macho. El macho va en la primera jaula[124] y la hembra detrás. Están hambrientos[125] porque hoy no han comido. Así que apártese porque tenemos que darles de comer.

Don Quijote se sonrió y dijo:

---

[122] *Ensuciar:* manchar, hacer que algo se ponga sucio.

[123] *Leonero:* persona encargada del cuidado de los leones.

[124] *Jaula:* objeto similar a una caja que sirve para transportar animales. Está hecha con barrotes algo separados para que entre la luz y el aire.

[125] *Hambrientos:* que tienen mucha hambre.

—¿Leoncitos[126] a mí? Bajad, buen hombre. Abrid esas jaulas y echad fuera esas bestias. Yo les enseñaré quién es don Quijote de la Mancha.

Sancho se acercó a don Diego y le dijo:

—Señor, no permita que mi señor don Quijote luche contra estos leones. Le van a hacer pedazos.*

—¿Tan loco es vuestro señor? —respondió el hidalgo.

—No es loco —respondió Sancho—, sino atrevido.*

—Yo haré que no lo sea —replicó el hidalgo.

Don Diego se acercó a don Quijote y le dijo:

—Señor caballero, los caballeros andantes deben intentar aventuras que puedan acabar bien.

—Apártese, señor hidalgo —respondió don Quijote—. Deje a cada uno hacer su oficio.

Se volvió al leonero y le dijo:

—Si no abrís ahora las jaulas, con esta lanza* os clavaré al carro.

Sancho lloraba la muerte de su señor. Creía que los leones le matarían. Don Quijote decidió luchar a pie. No quería que Rocinante se espantase al ver los leones. El leonero abrió la primera jaula. El león abrió la boca y bostezó[127] muy despacio. Sacó la cabeza fuera de la jaula y miró a todas partes. Don Quijote lo miraba atentamente.

---

[126] *Leoncitos:* diminutivo de león.

[127] *Bostezó:* abrió la boca involuntariamente por sueño o por aburrimiento.

Deseaba que saltase del carro y pelease con él. Pero el generoso león se dio la vuelta y se volvió a tumbar en la jaula. Al verlo, don Quijote mandó al leonero que le golpease para echarlo fuera.

—No lo haré —respondió el leonero—. Me hará pedazos. Debe alegrarse con lo que ha hecho. El león tiene abierta la puerta y puede salir o no. Si no ha salido hasta ahora, no saldrá en todo el día. La grandeza de su corazón está bien demostrada.*

—Es verdad —respondió don Quijote—. Cierra, amigo, la puerta.

El carro siguió su camino, y don Quijote, Sancho y el hidalgo el suyo. A las dos de la tarde llegaron a la aldea de don Diego, a quien don Quijote llamaba el *Caballero del Verde Gabán*. Don Quijote estuvo cuatro días en la casa de don Diego. Allí los trataron muy bien. Finalmente, decidió seguir hacia Zaragoza, pero antes visitaría las lagunas de Ruidera[128] y la cueva de Montesinos.[129] Quería comprobar si eran verdad las maravillas que se decían de la cueva.

---

[128] *Lagunas de Ruidera:* lugar donde nace el río Guadiana. Son quince y están repartidas entre Ciudad Real y Albacete, provincias de España.

[129] *Cueva de Montesinos:* está en Osa de Montiel (pueblo de Albacete).

CAPÍTULO XIII

◀9 *Aventura de la cueva de Montesinos*

Pasaron el día conversando y al llegar la noche se alojaron* en una pequeña aldea. Allí don Quijote compró cuerdas para atarse[130] y descolgarse[131] por la cueva. Al día siguiente por la tarde llegaron a la cueva de Montesinos. Estaba tan llena de arbustos[132] que la cubrían completamente. Caballero y escudero se bajaron de sus animales. Sancho ató fuertemente a don Quijote con las cuerdas. Después don Quijote se puso de rodillas y dijo en voz alta:

—¡Oh señora de mis acciones y movimientos, clarísima[133] y sin par[134] Dulcinea! Te ruego escuches mis plegarias.[135] Voy a entrar en este abismo* para que el mundo sepa que si tú me favoreces, no habrá imposible que no intente y acabe.

---

130 *Atarse:* sujetarse con una cuerda.

131 *Descolgarse:* dejarse caer por un lugar o una pendiente con la ayuda de cuerdas.

132 *Arbustos:* plantas de tallos leñosos que se ramifican desde la base.

133 *Clarísima:* superlativo de clara.

134 *Sin par:* sin igual.

135 *Plegarias:* oraciones, ruegos.

Y diciendo esto, se acercó a la cueva y cortó con su espada los arbustos que cubrían la entrada. Después, entró en la cueva y Sancho le dio su bendición y le dijo:

—¡Dios te guíe y te devuelva libre y sano a esta vida que dejas por enterrarte en esta oscuridad!

Iba don Quijote gritando a Sancho para que le diese más cuerda. Cuando soltó toda la cuerda, decidió esperar media hora y volverle a subir. Sancho empezó a recoger cuerda con mucha facilidad y pensó que don Quijote se quedaba dentro. Creyéndolo así, lloraba amargamente[136] pero, finalmente, apareció don Quijote. Sancho gritaba:

—Gracias a Dios que ha vuelto, señor mío. Pensaba que se quedaba allá.

Don Quijote no respondió. Tenía los ojos cerrados y parecía estar dormido. Le tumbó en el suelo y le quitó la cuerda. Como no despertaba lo movió hasta que volvió en sí. Don Quijote miró a una y otra parte. Entonces dijo asustado:

—Dios te lo perdone, amigo. Me has quitado de la más agradable vida y vista.

Después pidió comida, porque tenía mucha hambre. A las cuatro de la tarde, oculto el sol entre nubes, don Quijote empezó a contar lo que vio en la cueva. Y comenzó del modo siguiente:

—A unos pocos metros de profundidad hay un hueco en el que cabe un carro con sus mulas. Como ya estaba cansado de colgar de la soga, entré en el hueco y me quedé dormido. Cuando desperté,

---

[136] *Amargamente:* con mucha tristeza o sufrimiento.

estaba en la mitad del más bello prado. Cerca había un lujoso[137] palacio. Un venerable[138] anciano salió de él. Se acercó a mí y me abrazó. Luego me dijo: «Hace mucho tiempo, valiente caballero don Quijote de la Mancha, que te esperamos». Después entramos en el palacio y me llevó hasta un sepulcro.[139] Allí había un caballero tumbado: «Es mi amigo Durandarte,[140] un valiente caballero. El mago Merlín[141] le encantó como a mí y a otros muchos». Después se oyeron grandes gritos y llantos. Volví la cabeza y vi a unas hermosas doncellas vestidas de luto.[142] Al final iba una señora cejijunta,[143] de nariz chata,[144] boca grande y dientes mal puestos. Montesinos me dijo que era la señora Belerma[145] y que si parecía fea era por las malas noches que pasaba. Si no, igualaría en hermosura a Dulcinea del Toboso. «Señor don Montesinos —dije yo entonces—, toda comparación es odiosa. La sin par Dulcinea es quien es, y la señora Belerma lo mismo».

Entonces Sancho dijo:

—Yo no sé, señor don Quijote, cómo ha visto tantas cosas en tan poco tiempo.

—¿Cuánto hace que bajé? —preguntó don Quijote.

---

137 *Lujoso:* con muchas riquezas y objetos de valor.

138 *Venerable:* digno de respeto por su edad o antigüedad.

139 *Sepulcro:* lugar donde se entierra a una persona muerta.

140 *Durandarte:* héroe del romancero, amante de Belerma y primo de Montesinos.

141 *Merlín:* es el más famoso encantador de las leyendas artúricas. Se le atribuían saberes sobrenaturales por ser hijo del diablo.

142 *Vestidas de luto:* vestidas de negro para manifestar pena o tristeza por algo.

143 *Cejijunta:* que tiene las dos cejas tan juntas que parecen sólo una.

144 *Chata:* corta y con la punta redondeada.

145 *Belerma:* amada de Durandarte.

—Poco más de una hora —respondió Sancho.

—No puede ser —replicó don Quijote—. He estado tres días con sus noches en la cueva.

—Será verdad —dijo Sancho—. Lo que a mí me pareció una hora, allí serán tres días.

—Así será —respondió don Quijote—. Pero, ¿qué dirás cuando te diga que Montesinos me mostró a tres labradoras? En cuanto las vi, conocí a Dulcinea del Toboso y a las dos acompañantes. Pregunté a Montesinos si las conocía. Me respondió que no. Dijo que debían de ser unas señoras encantadas.

Cuando Sancho Panza oyó esto, pensó volverse loco o morirse de risa. Él sabía que el encantamiento de Dulcinea era mentira. Así que comprendió que su señor estaba completamente loco. Y así, le dijo:

—¿Cómo conoció a nuestra señora? ¿Qué dijo y qué le respondió?

—La conocí —respondió don Quijote— por su ropa. Era la misma que llevaba cuando la vimos en el Toboso. Le hablé, pero no me respondió. Se dio la vuelta y se fue muy rápido. Después vino una de las labradoras llorando y me dijo: «Mi señora Dulcinea del Toboso besa a vuestra merced las manos. Le suplica que le preste seis reales».[146] Me sorprendió la petición y le pregunté a Montesinos: «¿Los encantados padecen necesidades?». A lo que me respondió: «Señor don Quijote, la necesidad se usa en todas partes». Así que le di cuatro reales y se fue.

---

[146] *Reales:* monedas antiguas de poco valor.

—¡Oh santo Dios! —dijo Sancho—. ¿Es posible que los encantadores cambien el buen juicio de mi señor por tan disparatada locura?

—Como me quieres bien, Sancho, hablas así —dijo don Quijote—. Todas las cosas difíciles te parecen imposibles. Pero algún día te contaré otras cosas que he visto. Entonces creerás lo que te he contado.

CAPÍTULO XIV

Aventura de maese[147] *Pedro*

Dice el traductor de esta gran historia que, al llegar a la aventura de la cueva de Montesinos, en los márgenes del original Cide Hamete Benengeli escribió estas palabras:

«No me puedo creer lo que le pasó a don Quijote en el capítulo anterior. Todas las aventuras sucedidas hasta aquí son verosímiles,[148] pero ésta no puede ser verdadera. Sin embargo, el más noble caballero e hidalgo no mentiría. Ni inventaría en tan poco tiempo tantos disparates.[149] Tú, lector, que eres prudente, juzga lo que quieras. Aunque se dice que al final de sus días dijo que la inventó porque cuadraba bien con las historias de caballerías».

Y luego continúa diciendo:

Después de contar su aventura en la cueva de Montesinos, subieron a caballo y antes de anochecer llegaron a una venta.[150] Sancho

---

[147] *Maese:* maestro.

[148] *Verosímiles:* que son creíbles o se toman como verdaderas.

[149] *Disparates:* cosas absurdas que se hacen o dicen por error, por ignorancia o por locura.

[150] *Venta:* posada que estaba cerca de un camino.

estaba contento por ver que su señor la juzgó por verdadera venta y no por castillo como solía.

Más tarde, llegó a la venta un hombre con el ojo izquierdo tapado. Al entrar dijo:

—Señor huésped,* ¿hay posada?[151] Aquí viene el mono* adivino[152] y el retablo[153] de la libertad de Melisendra.[154]

—¡Aquí está el señor maese Pedro! —dijo el ventero—.[155] Buena noche nos espera. Bienvenido, señor maese Pedro. ¿Dónde está el mono y el retablo, que no los veo?

—Ya llegan —respondió maese Pedro.

Preguntó don Quijote al ventero quién era maese Pedro. El ventero le respondió:

—Es un famoso titiritero.[156] Representa el retablo de Melisendra liberada* por don Gaiferos.[157] También tiene un mono adivino.

Cuando don Quijote vio al mono, le preguntó:

—Dígame, señor adivino: ¿qué nos va a pasar?

Mandó a Sancho que le diese a maese Pedro dos reales. Entonces maese Pedro dijo:

---

[151] *Posada:* en este caso, significa cama, alojamiento.

[152] *Adivino:* que puede adivinar el presente, pasado o futuro gracias a la magia.

[153] *Retablo:* teatro que puede llevarse de un sitio a otro, portátil.

[154] *Melisendra:* hija de Carlomagno y esposa de don Gaiferos. Fue raptada por los moros y liberada por su marido.

[155] *Ventero:* dueño de una venta.

[156] *Titiritero:* persona que hace representaciones con marionetas o títeres.

[157] *Gaiferos:* rey de Burdeos por cuya negligencia los moros se apoderaron de su esposa Melisendra. Después consiguió rescatarla.

—Señor, este animal no adivina el futuro. Sabe cosas del pasado y del presente.

—¡Yo no pagaría nada porque me digan lo que me ha pasado! —dijo Sancho—. ¿Quién lo puede saber mejor que yo? Pero, dígame, ¿qué hace mi mujer Teresa Panza ahora?

Maese Pedro dio dos golpes en su hombro izquierdo. Entonces el mono saltó sobre él y se acercó a su oído. Luego bajó al suelo y maese Pedro dijo:

—¡Oh admirado caballero don Quijote!

Todos quedaron muy sorprendidos al oír al titiritero. Y siguió diciendo:

—Y tú, ¡oh buen Sancho Panza!, el mejor escudero del mundo. Alégrate, porque tu mujer está bien.

Don Quijote le preguntó al mono si era verdad lo ocurrido en la cueva de Montesinos. Maese Pedro hizo la señal al mono. El animal se subió a su hombro izquierdo y se acercó otra vez a su oído. Luego dijo maese Pedro:

—El mono dice que algunas cosas son falsas y otras verdaderas.

—¿No le dije yo —dijo Sancho— que no se puede creer que todo lo que contó de la cueva era verdad, ni aun la mitad?

—Los sucesos lo dirán, Sancho —respondió don Quijote—. Y vámonos a ver el retablo de maese Pedro.

Todos se acercaron donde estaba el retablo y un muchacho comenzó a decir lo que oirá y verá el que lea el capítulo siguiente.

CAPÍTULO XV

◄10 *Retablo de maese Pedro*

Todos callaron para mirar el retablo. De repente sonaron trompetas[158] y tambores,[159] y ruido de artillería.[160]

Un muchacho comenzó a narrar la historia. Contaba el rescate* de Melisendra y la persecución de los moros.

Don Quijote, al oír hablar de moros, creyó que debía ayudar a los que huían. Se levantó y en voz alta dijo:

—No permitiré que nadie insulte a tan famoso caballero como don Gaiferos. ¡Deteneos, no lo sigáis o tendréis que pelear conmigo!

Sacó su espada y empezó a dar cuchilladas[161] a los muñecos.* Maese Pedro gritaba:

—Deténgase, señor don Quijote, no son verdaderos moros, sino figuras de pasta.

---

[158] *Trompetas:* instrumentos musicales de viento formados por un tubo de metal con una boquilla por donde se sopla.

[159] *Tambores:* instrumentos musicales de percusión, redondos y que se tocan con palillos.

[160] *Artillería:* conjunto de armas pesadas y máquinas de guerra.

[161] *Cuchilladas:* golpes dados con una espada u otra arma afilada.

Pero don Quijote no paraba de dar cuchilladas. Al final, destrozó todo el retablo. Después se tranquilizó y dijo:

—Vean todos lo necesarios que son los caballeros andantes en el mundo. Gracias a mí están a salvo don Gaiferos y Melisendra. ¡Viva la andante caballería!

—¡Viva y muera yo! —dijo maese Pedro.

Sancho Panza sintió pena de maese Pedro y le dijo:

—No llores, maese Pedro. Mi señor te pagará lo que ha roto.

Sancho pagó a maese Pedro por las figuras rotas. Después todos cenaron en paz. Por la mañana, don Quijote y Sancho se despidieron del ventero y siguieron su camino.

En su relato, Cide Hamete Benengeli cuenta que maese Pedro era el galeote Ginés de Pasamonte. Por eso conoció a don Quijote y a Sancho cuando entró en la venta. Cuando don Quijote lo liberó, se fue a Aragón y se hizo titiritero. Llevaba el ojo tapado para no ser reconocido. Compró un mono y le enseñó a subirse en el hombro. Parecía que le hablaba al oído, pero era mentira. Antes de entrar a un pueblo nuevo, preguntaba en el lugar más cercano qué cosas habían sucedido en ese pueblo y a quién. Luego las aprendía de memoria y decía al pueblo que su mono adivinaba todo lo pasado y lo presente.

CAPÍTULO XVI

11 *Aventura del barco encantado*

Unos días después, don Quijote y Sancho llegaron al río Ebro.[162] Don Quijote vio un pequeño barco atado en la orilla. Miró a todas partes y no vio a nadie. Así que bajó de Rocinante y mandó a Sancho hacer lo mismo. Después ataron a los animales a un árbol. Sancho le preguntó qué pasaba. Don Quijote le respondió:

—Sancho, este barco me está llamando para que entre en él. Debo ir a ayudar a algún caballero en peligro.

—De acuerdo —respondió Sancho—. Pero yo creo que no es un barco encantado. Será de algunos pescadores.

Don Quijote se subió en el barco y Sancho también. Cortó la cuerda y se apartaron poco a poco de la orilla. Sancho empezó a temblar de miedo. Don Quijote, enfadado, le dijo:

[162] *Ebro:* río que nace en el norte de España y desemboca en el mar Mediterráneo. Es el más caudaloso de la península ibérica.

—¿De qué temes, cobarde[163] criatura?* Ya estamos muy lejos de la orilla. Pronto estaremos en el mar, si no estamos ya, pues hemos navegado más de setecientas leguas.[164]

—Yo no creo nada de eso —respondió Sancho—. Puedo ver con mis ojos a Rocinante y al burro.

En ese momento, descubrieron unas grandes aceñas.[165] Estaban en la mitad del río. Cuando don Quijote las vio, dijo a Sancho:

—¿Ves? Allí, ¡oh amigo!, está el castillo donde está la persona que debo salvar.

—¿Qué castillo dice, señor?—dijo Sancho—. ¿No ve que son aceñas para moler trigo?

—Calla, Sancho —dijo don Quijote—. Parecen aceñas, pero no lo son.

Entonces, el barco empezó a moverse más rápido por la corriente del agua. Salieron los molineros[166] y vieron que el barco iba hacia las ruedas de las aceñas. Cogieron unos palos largos para detenerlo. Estaban cubiertos de harina y daban miedo. Gritaban:

—¡Demonios de hombres! ¿Dónde vais? ¿Queréis ahogaros y haceros pedazos en estas ruedas?

---

163 *Cobarde:* que no tiene valor para enfrentarse a alguien o a algo.

164 *Legua:* unidad de medida antigua, equivale a 5,5 km.

165 *Aceñas:* molinos de harina movidos por la corriente del agua.

166 *Molineros:* personas que trabajan en un molino.

—Mira, Sancho —dijo don Quijote—, qué monstruos salen al encuentro. ¡Ahora veréis, bellacos![167]

Entonces se puso de pie y comenzó a mover su espada en el aire contra los molineros. Sancho rezaba para librarse* del peligro. Los molineros detuvieron el barco con sus palos. Sin embargo, don Quijote y Sancho cayeron al agua por los golpes. Los molineros fueron a ayudarlos y los sacaron del agua. Llegaron entonces los pescadores y vieron su barco destrozado. Pidieron a don Quijote que se lo pagase. Les contestó que pagaría si dejaban libre a la persona que estaba encerrada en el castillo.

—¿Qué persona o qué castillo —respondió uno de los molineros—, hombre sin juicio?

—Amigos que estáis en esa prisión, perdonadme —dijo don Quijote—. No os puedo liberar.

Después Sancho pagó cincuenta reales a los pescadores. Caballero y escudero volvieron a sus animales. Así acabó la aventura del barco encantado.

[167] *Bellacos:* malos y poco honrados.

CAPÍTULO XVII

*Encuentro con los duques**

Bastante melancólicos[168] y de mal humor llegaron don Quijote y Sancho a sus animales. A Sancho le pesaba especialmente malgastar[169] el dinero que llevaban. Finalmente, sin hablar palabra entre ellos, se apartaron del famoso río.

Otro día, don Quijote vio a unos cazadores en un prado. Entre ellos iba una dama a caballo con un halcón.[170] Parecía una gran señora.

Dijo a Sancho:

—Corre, Sancho, y di a aquella señora que yo, el Caballero de los Leones, le beso las manos.

Sancho fue corriendo y llegó junto a la bella cazadora. Se arrodilló y le dijo:

—Hermosa señora, aquel caballero, llamado el Caballero de los Leones, es mi señor; antes se llamaba el de la Triste Figura. Yo soy

---

168 *Melancólicos:* tristes.
169 *Malgastar:* gastar algo de mala manera, inútilmente.
170 *Halcón:* ave rapaz.

su escudero y me llamo Sancho Panza. Me envía a pedirle permiso para acercarse.

—Levantaos del suelo y decid a vuestro señor que venga —respondió la señora—. Ya sabemos quién es y estaremos contentos, mi marido, el duque, y yo de recibirle.

Sancho se levantó. Estaba sorprendido de la hermosura de la buena señora. Pero, sobre todo, de que conociese a su señor. Sancho volvió con el caballero y le contó lo que la gran señora le dijo. Don Quijote fue a besar las manos a la duquesa.

Mientras, la duquesa avisó a su marido y le contó lo ocurrido. Los dos habían leído la historia de don Quijote. Querían burlarse de él para pasarlo bien. Decidieron tratarle como caballero andante, como se hacía en los libros de caballerías.

Don Quijote saludó a la duquesa y al duque y se fueron todos a su palacio.

CAPÍTULO XVIII

◀12 *Estancia con los duques*

Cuenta la historia que antes de llegar al palacio, el duque se adelantó para explicar a sus criados cómo tratar a don Quijote. Cuando don Quijote llegó con la duquesa, dos criados salieron a recibirlos. Tomaron en brazos a don Quijote y le dijeron:

—Vaya vuestra grandeza a bajar a mi señora la duquesa del caballo.

Así lo hizo don Quijote. Luego se acercaron dos doncellas y pusieron a don Quijote un mantón[171] sobre los hombros. Al momento, salieron muchos criados gritando:

—¡Bienvenido, flor y nata[172] de los caballeros andantes!

Aquél fue el primer día en que el hidalgo creyó ser un verdadero caballero andante.

Don Quijote se cambió de ropa para ir a comer con los duques. Los duques salieron a la puerta a recibirle. Con ellos estaba un

---

[171] *Mantón:* especie de capa sin mangas que sirve para cubrir el cuerpo.

[172] *Flor y nata:* lo más selecto o lo mejor de algo.

cura. Luego fueron a sentarse a la mesa. Preguntó la duquesa a don Quijote qué sabía de Dulcinea. Él respondió:

—Señora mía, mis desgracias nunca tendrán fin. Está encantada y ahora es una fea labradora.

—No sé —dijo Sancho Panza—, a mí me parece la más hermosa criatura del mundo.

—¿La habéis visto encantada, Sancho? —preguntó el duque.

—¡Claro que la he visto! —respondió Sancho.

—¿Sois —dijo el cura— aquel Sancho Panza a quien su señor prometió una ínsula?

—Sí soy —respondió Sancho—. Viva mi señor y viva yo. Ni a él le faltarán imperios* ni a mí ínsulas que gobernar.

—No, por cierto, Sancho amigo —dijo el duque—. Yo te prometo el gobierno de una que tengo.

—Ponte de rodillas, Sancho —dijo don Quijote—, y besa los pies a Su Excelencia.[173]

Así lo hizo Sancho. Luego, el duque preguntó a don Quijote quién encantó a Dulcinea.

—¿Quién? —respondió don Quijote—. Algún maligno encantador que me persigue.

[173] *Su Excelencia:* tratamiento de respeto que se utiliza con personas muy importantes.

—Pero —dijo la duquesa— en su historia se entiende que nunca ha visto a Dulcinea. Y también que es dama fantástica.*

—En eso hay mucho que decir —respondió don Quijote—. Dios sabe si hay Dulcinea o no en el mundo. O si es fantástica o no. Yo no la inventé. Ella es hermosa, honesta,[174] agradecida[175] y de alto linaje.[176]

Acabó la conversación y don Quijote se fue a descansar. La duquesa pidió a Sancho que pasase la tarde con ella y sus doncellas.

---

174 *Honesta:* que es de costumbres castas y decentes.

175 *Agradecida:* que reconoce con palabras o gestos lo que han hecho por ella.

176 *Linaje:* conjunto de antepasados y descendientes de una persona noble.

CAPÍTULO XIX

Conversación entre la duquesa y Sancho Panza

Sancho obedeció y se sentó con la duquesa. Entonces la duquesa dijo:

—Ahora que estamos solos, me gustaría que me resuelvas unas dudas. ¿Cómo te atreviste a fingir que entregaste la carta de don Quijote a Dulcinea?

Sancho, sin responder nada, se levantó de la silla. Miró por todas las partes de la sala para ver si había alguien. Luego, se volvió a sentar y dijo:

—Ahora que no nos escucha nadie, le diré que mi señor don Quijote está loco de remate.[177] Por eso me atrevo a engañarle. Además, lo del encantamiento de Dulcinea también es mentira.

La duquesa le rogó que se lo contase. Sancho le contó todo lo que pasó cuando fueron al Toboso. Entonces dijo la duquesa:

—Si don Quijote es loco y Sancho lo sabe y lo sigue, él es más loco y tonto que su señor. Así que no creo que puedas gobernar una ínsula.

---

177 *Loco de remate:* completamente loco.

—Señora, tiene razón —dijo Sancho—. Pero le quiero y es agradecido, por eso le soy fiel.

La duquesa dijo riéndose:

—Sancho, no te preocupes. Mi marido cumplirá su palabra y te dará la ínsula. Pero volvamos al encantamiento de Dulcinea. Yo sé que Dulcinea está de verdad encantada. Tú creíste ser el engañador,[178] pero eres el engañado.

—Bien puede ser —dijo Sancho Panza—. Y ahora quiero creer que lo de la cueva de Montesinos es verdad. Todo debe de ser como vuestra merced dice, señora mía. Pues mi corto ingenio* no puede inventar algo tan inteligente.

—Así es —dijo la duquesa—. Pero dime, Sancho, ¿qué es eso de la cueva de Montesinos?

Entonces Sancho Panza le contó todo lo que pasó en la cueva.

—Sancho, vete a descansar —respondió la duquesa—. Luego hablaremos más.

Sancho besó las manos a la duquesa y se marchó.

---

[178] *Engañador:* persona que engaña, hace creer a otros algo que no es cierto utilizando mentiras.

CAPÍTULO XX

13 *Desencantamiento*[179] *de Dulcinea*

A los duques les gustaba mucho la compañía de don Quijote y Sancho. Un día decidieron hacerles una burla para divertirse. Ordenaron a los criados hacer los preparativos[180] y a los seis días llevaron a don Quijote de caza. Llegaron a un bosque y comenzó la caza. Cazaron hasta que llegó la noche. Ésta no era tan clara y serena* como eran las noches de verano. De repente pareció que el bosque ardía. Se oían trompetas y otros instrumentos de guerra. Todos se sorprendieron. Incluso los que sabían la burla se asustaron.

De repente apareció un demonio tocando un cuerno.[181]

—¡Hola, hermano correo![182] —dijo el duque—. ¿Quién sois, adónde vais y qué gente viene?

El correo respondió:

---

179 *Desencantamiento:* acción o resultado de deshacer el encantamiento o hechizo que sufre alguien.

180 *Preparativos:* cosas o actos que sirven para preparar algo.

181 *Cuerno:* instrumento de viento en forma de cuerno de toro.

182 *Correo:* persona encargada de traer y llevar cartas o mensajes.

—Yo soy el diablo. Busco a don Quijote de la Mancha. La gente que viene son encantadores que traen a Dulcinea del Toboso. Viene acompañada de Montesinos para ordenar a don Quijote cómo desencantarla.[183]

Después de decir esto, se marchó sin esperar respuesta. En ese momento, comenzaron a aparecer muchas luces por el bosque. También se oyó un ruido espantoso.[184] Al rato se oyó una agradable música y vieron llegar un carro. Venía en él una ninfa[185] vistosamente[186] vestida. Llevaba el rostro cubierto por una tela* transparente. Se percibía un hermoso rostro de doncella. Junto a ella venía una figura vestida hasta los pies con un velo[187] negro. Cuando el carro llegó frente a los duques y don Quijote, paró la música. La figura del velo negro descubrió su rostro. Era feo y parecía la figura de la muerte. Se puso de pie y, dirigiéndose a don Quijote, comenzó a decir:

—Yo soy Merlín, aquel que las historias
dicen que tuve por padre al diablo.
Para recobrar su estado primero
la sin par Dulcinea del Toboso,
es necesario que Sancho, tu escudero,
se dé tres mil trescientos azotes.[188]

---

[183] *Desencantarla:* deshacer el encantamiento a alguien.
[184] *Espantoso:* que da miedo, horrible.
[185] *Ninfa:* divinidad de la naturaleza.
[186] *Vistosamente:* que llama mucho la atención por algo que lo hace atractivo.
[187] *Velo:* tela que cubre la cabeza o cara de una persona.
[188] *Azotes:* golpes que se dan con la mano o con algún objeto.

—¡Qué relación tienen mis posaderas[189] con los encantos! —dijo Sancho—. ¡Si el señor Merlín no encuentra otra forma de desencantar a Dulcinea, podrá ir encantada a la sepultura!

—Yo te cogeré —dijo don Quijote— y te ataré desnudo a un árbol. Y te daré seis mil seiscientos azotes.

Oyéndolo, dijo Merlín:

—No puede ser así. Los azotes debe recibirlos por su voluntad, no por fuerza.

Entonces la ninfa se levantó, se quitó el velo y dijo a Sancho Panza:

—¡Oh malaventurado[190] escudero! Mírame llorar, ¡oh miserable* e insensible[191] animal! Pon en libertad mi belleza. Si no quieres hacerlo por mí, hazlo por ese pobre caballero que tienes a tu lado.

—¿Qué decís a esto, Sancho? —preguntó la duquesa.

—Digo, señora —respondió Sancho—, que de los azotes ni hablar.

—Amigo Sancho —dijo el duque—, si no os ablandáis, no gobernaréis la ínsula prometida.

—Señor —respondió Sancho—, ¿me dan dos días para pensarlo mejor?

---

189 *Posaderas:* culo, nalgas.

190 *Malaventurado:* desgraciado, sin suerte.

191 *Insensible:* sin sentimientos, que no siente pena por las desgracias de los demás.

—De ninguna manera —dijo Merlín—. Aquí y ahora debe resolverse este negocio.

—Vamos, buen Sancho —dijo la duquesa—. Decid que sí a los azotes en correspondencia al pan que habéis comido del señor don Quijote.

—Pues todos me lo dicen —replicó Sancho—, me daré los tres mil trescientos azotes. Pero con estas condiciones. Me los daré cuando yo quiera y sin hacerme sangre. Sin plazo alguno que cumplir, que yo procuraré pagar la deuda lo antes posible, para que la señora doña Dulcinea del Toboso vuelva a ser hermosa.

En cuanto Sancho dijo estas palabras, volvió a sonar la música. Don Quijote abrazó a Sancho y le dio mil besos. Todos estaban muy contentos y el carro se marchó. Los duques, muy satisfechos,* decidieron volver al castillo. Querían preparar nuevas burlas.

CAPÍTULO XXI

*Aventura de la dueña Dolorida**

Al día siguiente fueron a comer a un jardín. Después de comer se oyó un sonido triste y un tambor. Todos se alborotaron, especialmente don Quijote. Entonces entraron dos hombres vestidos de negro. Tocaban dos grandes tambores. Detrás de los tristes músicos entraron doce dueñas.[192] Tras ellas venía la condesa Trifaldi o de las tres faldas, pues venía acompañada de tres pajes[193] que sujetaban las tres puntas de su falda. También la llamaban la dueña Dolorida. Llevaban los rostros cubiertos con velos negros.

La Dolorida se adelantó y, de rodillas, dijo:

—Señores, estoy segura de que podrán ayudarme. Primero les contaré mi historia. Mi señora, la infanta* Antonomasia y su marido don Clavijo están encantados. Un encantador llamado Malambruno les ha convertido en piedra. Junto a ellos está escrito lo siguiente: «No volverán a su forma normal hasta que el valiente manchego[194] luche conmigo». También encantó a todas las dueñas y nos creció barba.

---

192 *Dueñas:* criadas, viudas o solteras, de las personas nobles.

193 *Pajes:* criados.

194 *Manchego:* persona que ha nacido o habita en La Mancha.

Las dueñas levantaron sus velos y mostraron sus rostros. Todas tenían barba. Los presentes se quedaron atónitos al verlas.

—¿Qué es lo que tengo que hacer? —preguntó don Quijote.

—Malambruno me dijo —respondió la Dolorida— que enviará un caballo de madera que os llevará a mi país para luchar con él.

—¿Y cuántos caben en ese caballo? —preguntó Sancho.

—Dos personas —contestó la Dolorida—. Una en la silla y otra en las ancas.[195]

—Querría saber el nombre del caballo —dijo Sancho—. Seguro que no tiene un nombre como el de Rocinante.

—Se llama Clavileño, nombre que le conviene mucho —dijo la Dolorida—. Primero por ser de leña[196] y segundo por tener una clavija[197] en la frente.

—Me gusta el nombre —replicó Sancho—, pero, ¿cómo se maneja?

—Con la clavija —respondió la Trifaldi.

—Ya me gustaría verlo —respondió Sancho—, pero pensar que subiré en él es pedir peras al olmo.[198] Yo no me pienso moler por quitar las barbas a nadie.

---

[195] *Ancas:* partes traseras superiores de un caballo u otro animal similar.
[196] *Leña:* madera.
[197] *Clavija:* pieza que se encaja en un agujero y que tiene diversas utilidades.
[198] *Pedir peras al olmo:* pedir cosas imposibles.

—Sin vuestra presencia —respondió la Trifaldi—, no haremos nada.

—¿Qué tienen que ver los escuderos —dijo Sancho— con las aventuras de sus señores? Vuelvo a decir que mi señor puede ir solo, que yo me quedaré aquí con la duquesa mi señora.

—Buen Sancho —dijo la duquesa—, debéis acompañarle para que estas señoras pierdan las barbas.

—Sancho hará lo que yo le mande —dijo don Quijote.

CAPÍTULO XXII

◀14 *Aventura de Clavileño*

Llegó la noche. Entonces entraron por el jardín cuatro salvajes* con un caballo de madera. Dejaron a Clavileño y se marcharon.

La Dolorida, al ver al caballo, dijo a don Quijote:

—Valiente caballero, las promesas de Malambruno son ciertas. Sube al caballo con tu escudero, tapaos los ojos y feliz viaje.

—Eso haré, señora condesa Trifaldi —respondió don Quijote.

Don Quijote y Sancho subieron sobre Clavileño. El escudero subió de mala gana. Luego, los dos se taparon los ojos y don Quijote tocó la clavija. En ese momento todos gritaron:

—¡Dios te guíe, valiente caballero!

—¡Dios sea contigo, escudero valiente!

—¡Ya vais por esos aires a mucha velocidad!

Sancho oyó las voces, se apretó con el caballero y dijo:

—Señor, ¿por qué dicen que vamos tan altos? Oigo sus voces como si estuvieran junto a nosotros.

—Sancho, como estas cosas no son normales, puedes verlos y oírlos aunque estés lejos. No me aprietes tanto, que me tiras. No tengas miedo. Todo va bien y el viento nos empuja.

—Es verdad —respondió Sancho—. Por este lado me da un viento tan fuerte que parecen mil fuelles.[199]

Y así era, pues los duques habían pensado en todo y con unos fuelles les daban aire para que pareciera que iban volando.

Entonces don Quijote dijo:

—Sin duda, Sancho, pronto llegaremos a la región del fuego.

En ese momento, encendieron unas estopas.[200] Las colgaron de un palo y las acercaron a sus rostros.

Sancho sintió el calor y dijo:

—Ya estamos en el lugar del fuego. Gran parte de mi barba se ha quemado.

El duque y la duquesa se divertían mucho oyendo la conversación de los dos valientes. Para terminar la aventura, pegaron a la cola de Clavileño unas estopas. Como el caballo estaba lleno de cohetes,[201] voló por los aires. Don Quijote y Sancho Panza cayeron al suelo medio quemados. En ese momento, las dueñas desaparecieron y los demás quedaron desmayados[202] en el suelo.

---

199 *Fuelles:* objetos que sirven para producir chorros de aire.

200 *Estopas:* partes bastas o gruesas del lino que sirven para hacer cuerdas.

201 *Cohetes:* objetos rellenos de pólvora que se lanzan al aire tras prenderlos fuego.

202 *Desmayados:* sin conocimiento.

Don Quijote y Sancho se levantaron doloridos. Miraron a todas partes y se quedaron atónitos. En un lado del jardín había una gran lanza con un pergamino.[203] En él estaba escrito lo siguiente:

El famoso caballero don Quijote de la Mancha terminó la aventura de la condesa Trifaldi, también llamada la dueña Dolorida, con solo intentarla.

Tras leer el pergamino, don Quijote fue donde estaban los duques. Cogió al duque de la mano y le dijo:

—¡Buen señor, la aventura ha acabado ya!

El duque volvió en sí poco a poco, igual que todos los demás. El duque leyó el cartel y abrazó a don Quijote. Le dijo que era el mejor caballero que nunca se había visto. La duquesa preguntó a Sancho por el viaje. Sancho le respondió:

—Señora, cuando íbamos por la región del fuego me quité el pañuelo.* Entonces vi a las siete cabrillas[204] y decidí bajar de Clavileño para jugar con ellas.

—Y, mientras, buen Sancho —preguntó el duque—, ¿qué hacía don Quijote?

Y don Quijote respondió:

—Sentí que pasábamos por la región del fuego. Pero no pudimos llegar donde están las siete cabrillas sin quemarnos. Así que o Sancho miente o sueña.

---

[203] *Pergamino:* especie de hoja hecha con piel curtida. Antiguamente se usaba para escribir.

[204] *Siete cabrillas:* nombre vulgar dado a la constelación de las Pléyades.

—Ni miento ni sueño —respondió Sancho.

No quisieron preguntar más del viaje. Don Quijote se acercó a Sancho y le dijo al oído:

—Sancho, si quieres que te crea, debes creer lo que vi en la cueva de Montesinos.

CAPÍTULO XXIII

◄15 *Consejos de don Quijote a Sancho Panza*

Otro día el duque dijo a Sancho que se preparase para ser gobernador. Sus insulanos[205] le esperaban.

En ese momento llegó don Quijote. Cuando supo que Sancho se iba a su gobierno, lo llevó a su habitación para darle unos consejos. Cerraron la puerta de la habitación, se sentaron en la cama y le dijo:

—Doy gracias al cielo, Sancho amigo, por la buena suerte que has tenido. Quiero darte unos consejos para ser un buen gobernador. Primero, ¡oh hijo!, teme a Dios, porque es de sabios. Segundo, conócete a ti mismo. Sé humilde* y no desprecies* tus orígenes. Descubre la verdad entre los regalos de los ricos y las lágrimas de los pobres. Si sigues estas reglas, Sancho, tus días serán largos y tu fama eterna. Estos consejos son para el alma. Escucha ahora los del cuerpo.

Siguió don Quijote y dijo:

—Sancho, sé limpio y córtate las uñas.* Ve bien vestido. No comas ajos* ni cebollas.* Anda despacio y habla con calma. Come poco y cena menos. Modérate en el beber. El vino ni guarda secretos

---

205 *Insulanos:* habitantes de una ínsula.

ni cumple palabras. Sobre todo, no comas a dos carrillos[206] ni eructes[207] delante de nadie.

—Señor —respondió Sancho— veo que todo lo que me ha dicho son cosas buenas, santas y útiles. Así que seguiré sus consejos al pie de la letra, especialmente el de eructar, que lo hago muy a menudo.

—Muy bien, Sancho —dijo don Quijote—. Y ahora vámonos a comer. Seguro que los duques nos esperan.

---

[206] *Comas a dos carrillos:* comas con mucha ansiedad y rapidez.

[207] *Eructes:* expulses ruidosamente por la boca los gases que tienes en el estómago.

CAPÍTULO XXIV

Aventura de Altisidora

Aquella tarde enviaron a Sancho a su ínsula. En cuanto Sancho se fue, don Quijote se sintió solo.

Después de cenar, se fue a su habitación. Apagó las velas.* Hacía calor y no podía dormir. Se levantó de la cama y abrió un poco la ventana. Al abrir, oyó gente en el jardín. Se puso a escuchar atentamente y pudo oír lo siguiente:

—No me pidas que cante, ¡oh Emerencia! Desde que entró este forastero[208] en este castillo y mis ojos le miraron, no sé cantar sino llorar.

—Altisidora amiga —respondieron—, todos duermen menos el señor de tu corazón. Acaba de abrir su ventana y seguro que está despierto.

Entonces oyó tocar un arpa.[209] Don Quijote imaginó que alguna doncella de la duquesa estaba enamorada de él. Así que decidió escuchar la música. Para mostrar que escuchaba, dio un fingido

---

[208] *Forastero:* persona que procede de otro lugar.

[209] *Arpa:* instrumento musical de cuerda que se toca con la mano. Tiene forma curva y la base se apoya en el suelo.

estornudo.[210] Altisidora cantó un romance[211] para declarar su amor a don Quijote. Al acabar, el caballero dio un gran suspiro[212] y dijo para sí mismo:

—¡Por qué soy tan desgraciado! Todas las doncellas que me miran se enamoran de mí. Pero llore o cante Altisidora, yo tengo que ser de Dulcinea.

Entonces cerró la ventana y se acostó.

---

[210] *Estornudo:* acción o resultado de arrojar violentamente el aire de los pulmones por la nariz o por la boca cuando se está acatarrado.

[211] *Romance:* poema popular.

[212] *Suspiro:* expiración profunda que indica cansancio, dolor, pena.

CAPÍTULO XXV

◀16 *Gobierno de Sancho*

«¡Oh, tú que siempre sales y, aunque lo parece, nunca te pones! A ti digo, ¡oh sol, con cuya ayuda el hombre engendra* al hombre!; a ti digo, favoréceme y alúmbrame* para que pueda narrar el gobierno del gran Sancho Panza. Sin ti, yo me siento confuso», dice Cide Hamete al comienzo de este capítulo.

Llegó Sancho a un lugar que era de los mejores que el duque tenía. Le dijeron que se llamaba la ínsula Barataria. Quizá porque el lugar se llamaba Baratario o por lo barato* con que Sancho consiguió el gobierno. Al llegar a las puertas de la villa* tocaron las campanas y todos los vecinos, con gran alegría, le llevaron a la iglesia mayor. Luego, con ridículas ceremonias, le entregaron las llaves del pueblo, y le admitieron por eterno gobernador de la ínsula Barataria. Después, le llevaron al juzgado y le sentaron en la silla del juez. Al momento, se presentaron dos hombres ancianos delante del gobernador. Uno traía un bastón.* El otro dijo:

—Señor, presté hace días diez escudos[213] de oro a este hombre. Se los he pedido muchas veces. Pero dice que no se los presté. También

[213] *Escudos:* monedas antiguas de cierto valor.

dice que, si se los presté, ya me los devolvió. No tengo testigos. Por eso quiero que jure delante de vuestra merced que me los ha devuelto. Entonces yo le perdonaré.

—¿Qué decís, buen viejo del bastón? —dijo Sancho.

El viejo dijo:

—Señor, juraré lo que pide.

Y, diciendo esto, le dio el bastón al otro viejo para que se lo sujetase mientras juraba. Luego juró que era verdad el préstamo y que era verdad que él se lo devolvió en sus propias manos.

Sancho preguntó al otro qué respondía al juramento.[214] Dijo que había olvidado la devolución[215] del dinero y que le perdonaba.

El viejo cogió su bastón y salió del juzgado. Sancho se quedó pensativo. Al rato mandó llamar al viejo del bastón.

Lo trajeron, y Sancho le dijo:

—Dadme, buen hombre, ese bastón.

—Aquí tiene, señor —respondió el viejo.

Sancho lo cogió, se lo dio al otro viejo y le dijo:

—Vete con Dios, que ya vas pagado.

---

[214] *Juramento:* promesa que alguien hace para demostrar que lo que dice es cierto.

[215] *Devolución:* acción o resultado de hacer que algo prestado vuelva a su dueño.

—¿Yo, señor? —respondió el viejo—. ¿Este bastón vale diez escudos de oro?

—Sí —dijo Sancho.

Mandó romper el bastón y dentro encontraron los diez escudos de oro. Todos quedaron admirados y creyeron que su gobernador era un nuevo Salomón.[216]

Cuando acabó el juicio, entraron en el juzgado una mujer y un hombre. La mujer gritaba:

—¡Justicia, señor gobernador, justicia! Este mal hombre se ha aprovechado de mi cuerpo.

Sancho le preguntó al hombre qué había pasado. El hombre, muy confundido,* respondió:

—Señores, soy un pobre ganadero.* He venido a vender unos cerdos.* Cuando volvía a casa, me encontré a esta dueña. Nos acostamos juntos y le pagué lo suficiente. Pero ella no estaba contenta y me ha traído aquí. Dice que la forcé, pero juro que es mentira.

Entonces el gobernador le preguntó si traía dinero. El pobre ganadero dijo que traía veinte escudos en una bolsa de cuero.* Sancho mandó que se la entregase a la mujer. Ella la cogió y salió del juzgado.

En cuanto salió, Sancho dijo al ganadero:

—Buen hombre, ve tras aquella mujer y quítale la bolsa.

---

216 *Salomón:* rey de Israel famoso por su sabiduría.

El hombre fue corriendo a buscarla. Al poco rato volvieron los dos. El hombre luchaba por quitarle la bolsa, pero era imposible.

La mujer gritaba:

—¡Justicia de Dios y del mundo! Señor gobernador, este sinvergüenza[217] me quiere quitar la bolsa.

—Y, ¿te la ha quitado? —preguntó el gobernador.

—¿Quitármela? —respondió la mujer—. Antes perdería la vida.

Entonces el gobernador dijo a la mujer:

—Muestra esa bolsa, honrada[218] y valiente mujer.

Ella se la dio y el gobernador se la devolvió al hombre. Después le dijo a la mujer:

—Hermana mía, si utilizaras el mismo valor para defender tu cuerpo, nadie podría forzaros. Vete con Dios y sal de esta ínsula o te castigaremos con doscientos azotes.

El hombre le dio las gracias y se fue. Todos quedaron de nuevo admirados por los juicios y sentencias de su nuevo gobernador.

---

[217] *Sinvergüenza:* persona que engaña a los demás sin ningún reparo.
[218] *Honrada:* que actúa con rectitud según la ética o la ley.

CAPÍTULO XXVI

Aventura gatuna

Llegada la mañana, don Quijote se levantó y se vistió.

Altisidora y otra doncella le esperaban en un pasillo.* Al pasar don Quijote, Altisidora fingió desmayarse.[219]

Don Quijote lo vio y les dijo:

—Ya sé la causa de sus males.

—Yo no —respondió la amiga—. Altisidora es la doncella más sana de esta casa. Váyase, señor don Quijote. No volverá en sí mientras esté aquí.

Entonces respondió don Quijote:

—Poned esta noche en mi habitación un laúd. Yo la consolaré.

Luego fueron las dos a contarle todo a la duquesa. Los duques decidieron hacerle una nueva burla aquella noche.

A las once, don Quijote encontró una vihuela[220] en su habitación. Abrió la ventana y oyó a gente en el jardín. Con voz ronca,*

[219] *Desmayarse:* perder momentáneamente el conocimiento.

[220] *Vihuela:* instrumento de cuerda parecido a una guitarra pero con cuerdas dobles.

cantó un romance. De repente, descolgaron una cuerda con muchos cencerros[221] y un saco con gatos. Don Quijote se asustó. Dos o tres gatos entraron por la ventana. Iban de una parte a otra de la habitación. Parecía que una multitud de diablos andaba por ella. Los gatos apagaron las velas y buscaban por dónde escapar.

Don Quijote cogió su espada y empezó a gritar:

—¡Fuera, malignos encantadores, que yo soy don Quijote de la Mancha!

Y empezó a dar cuchilladas a los gatos. Éstos se escaparon por la venta. Pero uno, viéndose acosado* por las cuchilladas, saltó a la cara de don Quijote. Le cogió la nariz con las uñas y los dientes. Don Quijote empezó a gritar por el dolor. Al oír los gritos, los duques fueron rápido a la habitación. Entonces vieron al pobre caballero intentando arrancarse al gato de su cara. El duque fue a ayudar a don Quijote, pero el caballero dijo:

—¡No me lo quite nadie! ¡Yo le enseñaré quién es don Quijote de la Mancha!

Pero el gato seguía apretando su nariz. Al final, el duque los separó y echó al gato por la ventana.

Don Quijote quedó herido y triste por no terminar la batalla con el encantador. Altisidora le curó las heridas. Cuando acabó, don Quijote dio un profundo suspiro y se tumbó en la cama. Los duques le dejaron descansar. Estaban tristes porque la burla no salió bien.

---

[221] *Cencerros:* campanas pequeñas que se cuelgan en el cuello de algunos animales.

CAPÍTULO XXVII

Sancho en la ínsula Barataria

Cuenta la historia que desde el juzgado llevaron a Sancho Panza a un lujoso palacio. En una gran sala había puesta una mesa. Cuando Sancho entró, sonaron flautas[222] y salieron pajes a recibirlo. Sancho se sentó en la cabecera de la mesa y un personaje se puso a su lado. Luego se vio que era un médico. Levantaron una toalla y mostraron mucha comida. Le ofrecieron un plato de fruta. Pero, en cuanto comió un poco, el médico le quitó el plato. Luego llegó otro plato. Cuando Sancho iba a probarlo, el médico se lo quitó. Sancho estaba sorprendido. Preguntó cómo debía comer aquella comida. El médico respondió:

—Señor gobernador, debe comer como es costumbre en otras ínsulas. Yo soy médico y cuido su salud. Debo dejarle comer lo que es mejor para vuestra merced.

Sancho miró al médico y le preguntó cómo se llamaba y dónde estudió.

---

[222] *Flautas:* instrumentos musicales alargados, con forma de tubo y con agujeros que se tapan con los dedos mientras que se introduce aire con la boca.

El médico respondió:

—Me llamo Pedro Recio, nací en Tirteafuera y estudié en la universidad de Osuna.[223]

Entonces Sancho respondió muy enfadado:

—Señor doctor, quítese de mi vista. Denme de comer o si no, quédense su gobierno. Oficio que no da de comer a su dueño no vale nada.

En aquel momento sonó una trompeta. Un criado dijo:

—Viene correo del duque.

Le dieron una carta a Sancho y pidió al criado que la leyera.

> *Señor don Sancho Panza:*
>
> *He oído que unos enemigos míos quieren asaltar* la ínsula. Debe estar alerta* para que no le tomen desprevenido.*[224]
>
> *Vuestro amigo,*
> *El Duque*

Sancho quedó asombrado[225] y también todos los que estaban con él.

---

[223] *Universidad de Osuna:* universidad menor sevillana que no tenía Facultad de Medicina.

[224] *Desprevenido:* que no está preparado para algo que va a suceder.

[225] *Asombrado:* sorprendido.

CAPÍTULO XXVIII

17 *Aventura de doña Rodríguez*

Don Quijote estaba muy triste y melancólico. Estuvo seis días sin salir. Una noche notó que abrían la puerta de su habitación. Creyó que era Altisidora.

—No —dijo—. Ni la mayor hermosura de la tierra podrá borrar de mi corazón a Dulcinea.

Entonces abrieron la puerta. Se puso de pie en la cama envuelto en una colcha.[226] Clavó los ojos[227] en la puerta, pero no era Altisidora. Era una dueña vestida de blanco de los pies a la cabeza. Traía una vela en la mano. Don Quijote la miró y pensó que era una bruja.[228] Imaginó que venía a hacerle algo malo y comenzó a santiguarse.[229] Cuando la dueña vio a don Quijote también se asustó y gritó:

—¡Jesús! ¿Qué es lo que veo?

---

[226] *Colcha:* ropa de cama que se pone encima de las sábanas para adornar o abrigar.

[227] *Clavó los ojos:* fijó su mirada.

[228] *Bruja:* mujer con poderes mágicos porque tiene un pacto con el diablo.

[229] *Santiguarse:* hacer la señal de la cruz.

Con el susto se le cayó la vela y se quedaron a oscuras. Intentó irse, pero tropezó y cayó al suelo.

Don Quijote, temeroso,[230] comenzó a decir:

—Fantasma, dime quién eres y qué quieres.

La dueña, en voz baja, le respondió:

—Señor don Quijote, no soy fantasma. Soy doña Rodríguez. Necesito que me ayude.

—Dígame, doña Rodríguez —dijo don Quijote—. La escucharé y la ayudaré.

—Espere vuestra merced un poco —respondió la dueña—. Saldré a encender mi vela y volveré enseguida a contarle mis desgracias.

Doña Rodríguez salió de la habitación y cuando volvió empezó a decir:

—Tengo una hija muy hermosa. El hijo de un labrador rico se enamoró de ella. Él le prometió ser su esposo y se acostó con ella. Ahora no quiere cumplir su palabra. El duque lo sabe, pero no me hace caso. Así que querría que vuestra merced deshiciese este agravio con ruegos o con armas.

De pronto abrieron las puertas de la habitación con un gran golpe. Con el susto, a doña Rodríguez se le cayó la vela y todo quedó a oscuras. Luego sintió que le apretaban la garganta con dos manos y otra persona le levantó las faldas y le dio muchos azotes. Don Quijote no se movía. Temía que lo azotaran a él también. Y así fue;

---

230 *Temeroso:* que tiene o siente miedo.

cuando los verdugos[231] dejaron a la dueña, le pellizcaron[232] a él con fuerza. La batalla duró casi media hora. Después se fueron los fantasmas. Doña Rodríguez recogió sus faldas y se fue sin decir palabra a don Quijote. Éste quedó solo, dolorido y confuso. No se imaginaba quién era el malvado[233] encantador que había hecho eso.

Dice Cide Hamete que cuando doña Rodríguez fue a visitar a don Quijote, le siguió otra dueña. Pues es general costumbre que todas las dueñas sean chismosas.[234] Al ver entrar a doña Rodríguez en la habitación de don Quijote, fue corriendo a decírselo a su señora la duquesa.

La duquesa se lo dijo al duque y le pidió permiso para ir con Altisidora a ver lo que quería doña Rodríguez de don Quijote. El duque se lo dio y, en silencio, escucharon desde la puerta todo lo que hablaban. Después, la duquesa decidió castigar a la dueña por su atrevimiento.[235] Entraron en la habitación y golpearon a don Quijote y a la dueña como queda contado.

---

231 *Verdugos:* personas encargadas de castigar a otros por sus delitos.

232 *Pellizcaron:* cogieron con los dedos un poco de carne y la retorcieron hasta hacer daño.

233 *Malvado:* malo, perverso.

234 *Chismosas:* personas indiscretas que les gusta contar o escuchar cosas de los demás.

235 *Atrevimiento:* dicho o hecho que resulta inadecuado y falta al respeto de alguien.

CAPÍTULO XXIX

◄18 *Sigue la aventura de doña Rodríguez*

Cuando don Quijote sanó de sus heridas, decidió marcharse ya del castillo. Debía continuar con su profesión de caballero andante. Un día decidió pedir permiso a los duques para irse. Pero dos mujeres vestidas de negro se lo impidieron. Una se echó a sus pies y se puso a llorar. Los duques pensaron que sería alguna burla de sus criados. Don Quijote levantó del suelo a la mujer. Era doña Rodríguez con su hija. Se volvió a los señores y les dijo:

—¿Me permiten vuestras excelencias hablar un momento con este caballero?

El duque le dijo que sí. Entonces ella dijo a don Quijote:

—Hace días os conté un problema y prometisteis ayudarme. Ahora os queréis ir de este castillo. Pero, antes de iros, desafiad* a ese villano.[236] Debe cumplir su palabra y casarse con mi hija.

Don Quijote respondió con mucha seriedad:

---

236 *Villano:* que no es noble o hidalgo; por lo general, un campesino o aldeano.

—Buena dueña, no lloréis. Remediaré a vuestra hija. Con permiso del duque mi señor, buscaré a ese muchacho. Le desafiaré y mataré si no cumple su palabra.

—No hace falta —respondió el duque— que lo busque. Yo le contaré el desafío y prepararé el campo de batalla.

Después de acordar cómo sería la batalla, las dos mujeres se fueron. La duquesa ordenó un castigo para las dos por su atrevimiento.

CAPÍTULO XXX

19 *Final del gobierno de Sancho Panza*

Sancho estaba durmiendo la séptima noche de su gobierno. De repente, oyó un gran ruido de campanas y voces. Parecía que la ínsula se hundía. Se sentó en la cama y escuchó atentamente. También sonaban trompetas y tambores. Sancho estaba muy asustado. Se levantó y salió de su habitación. Entonces aparecieron muchas personas con espadas gritando:

—¡Alarma,* señor gobernador, alarma! Han entrado infinitos enemigos en la ínsula. Estamos perdidos sin vuestro valor e ingenio.

Le pusieron dos escudos* muy grandes. Uno delante y otro detrás. Después los ataron y Sancho quedó emparedado.[237] No podía moverse ni doblar las rodillas. Le pusieron una lanza en la mano y le dijeron que caminase.

—¿Cómo voy a caminar —respondió Sancho— si no puedo moverme?

—Ande, señor gobernador —dijo otro—. El miedo le impide andar, no los escudos.

---

[237] *Emparedado:* atrapado o encerrado entre dos cosas.

Finalmente, el pobre gobernador intentó moverse, pero cayó al suelo. El golpe fue muy grande y pensó que se había hecho pedazos. Los demás apagaron las antorchas.[238] Pasaban por encima de Sancho y daban cuchilladas a los escudos. Sancho sudaba y pedía a Dios que le salvase del peligro. Oyó el cielo su petición y de repente escuchó:

—¡Victoria, victoria! ¡Los enemigos se van! ¡Vamos, señor gobernador, levántese! ¡Disfrute la victoria!

—Levántenme —dijo el dolorido Sancho.

Lo ayudaron a levantarse, preguntó la hora y le dijeron que ya amanecía. Callado,* comenzó a vestirse. Todos le miraban sin saber por qué se vestía tan rápido. Terminó de vestirse y fue a la caballeriza.[239] Se acercó a su burro, lo abrazó y con lágrimas en los ojos dijo:

—Ven, compañero y amigo mío. Desde que te dejé, he sufrido mil miserias,* mil trabajos y cuatro mil desasosiegos.[240]

Preparó al burro y con mucha pena subió en él. Luego les dijo a todos los presentes:

—Abrid camino, señores míos. Dejadme volver a mi antigua libertad. Yo no nací para ser gobernador ni para defender ínsulas. Decid al duque mi señor que desnudo nací y desnudo me voy. Ni pierdo ni gano.

---

[238] *Antorchas:* objetos que sirven para dar luz. Están formadas por un palo que tiene en la parte superior material combustible que arde.

[239] *Caballeriza:* lugar donde se guardan los caballos o animales similares; cuadra, corral.

[240] *Desasosiegos:* preocupaciones.

Un criado dijo:

—Señor gobernador, es una pena perderlo. Su ingenio y su bondad obligan a quererlo.

Todos lo abrazaron y se despidieron de él.

CAPÍTULO XXXI

Sancho cae en una sima[241]

Sancho no pudo llegar al castillo del duque aquel día. Llegó la noche y se apartó del camino para esperar la mañana. Mientras buscaba un sitio para descansar, él y su burro cayeron en una sima. Tocó su cuerpo para ver si estaba sano. Como estaba bien, dio gracias a Dios. También tocó las paredes de la sima para intentar salir. Pero no encontró ninguna forma de hacerlo. Sancho se lamentaba mucho de su situación y la de su burro, que se quejaba de dolor:

—¡Ay —dijo entonces Sancho Panza— cuántas cosas suceden a cada paso a los que viven en este mundo! ¿Quién diría que el que ayer gobernaba una ínsula hoy estaría sepultado en una sima? Aquí moriremos de hambre yo y mi burro. ¡Desdichado[242] de mí, en qué han acabado mis locuras y fantasías! ¡Oh compañero y amigo mío, qué mal pago te he dado por tus buenos servicios! Perdóname y pide a la fortuna que nos saque de aquí.

---

241 *Sima:* agujero muy profundo y grande abierto en la tierra.

242 *Desdichado:* que se siente infeliz y triste por algo que le ha pasado.

Después de pasar toda la noche lamentándose, finalmente llegó el día. Estaba el burro boca arriba y Sancho lo puso en pie. Sacó de las alforjas un pedazo de pan y se lo dio al burro mientras le decía:

—Las penas con pan son menos.[243]

Entonces Sancho vio que era imposible salir. Comenzó a gritar por si alguien le oía.

Aquí deja Cide Hamete Benengeli a Sancho y vuelve con don Quijote. Él esperaba contento la batalla con el ladrón* de la honra[244] de la hija de doña Rodríguez. Aquella mañana había salido a ensayar* el combate y, montado sobre Rocinante, llegó hasta la cueva. Sin bajarse del caballo, miró aquella sima y, de repente, oyó grandes voces dentro:

—¿Hay algún cristiano que me escuche?

Le pareció la voz de Sancho. Muy asombrado, dijo:

—¿Quién está ahí abajo? ¿Quién se queja?

—Soy Sancho Panza, gobernador de la ínsula Barataria y escudero del famoso caballero don Quijote de la Mancha.

Don Quijote estaba más sorprendido aún. Pensó que Sancho estaba muerto y que le hablaba su alma.

—Dime quién eres —dijo don Quijote—. Si eres alma en pena, dime qué quieres que haga por ti.

---

[243] *Las penas con pan son menos:* refrán que significa que los sufrimientos se sobrellevan mejor si se tiene comida.

[244] *Honra:* buena opinión social que la gente tiene de una persona.

—Sin duda —respondieron—, vuestra merced es mi señor don Quijote de la Mancha.

—Don Quijote soy —replicó el caballero—. Por eso dime quién eres.

—Juro, señor don Quijote, que soy su escudero Sancho Panza —respondió—. No estoy muerto. Dejé mi gobierno y caí en esta sima con mi burro.

—Espérame —dijo don Quijote—. Iré al castillo del duque y vendremos a sacarte de aquí.

—Vaya y vuelva rápido —dijo Sancho—. Estoy muerto de miedo.

Don Quijote volvió al castillo a contárselo a los duques. Llevaron cuerdas y sacaron al burro y a Sancho de la oscuridad a la luz del sol. Cuando llegaron al castillo, Sancho fue a ver a los duques. Se arrodilló y dijo:

—Yo, señores, fui a gobernar vuestra ínsula Barataria. Entré desnudo y salí desnudo. Ni pierdo, ni gano. Si he gobernado bien o mal, hay testigos que lo dirán. No puedo ser gobernador. Hay demasiadas obligaciones. Ayer dejé la ínsula como estaba.

La duquesa lo abrazó y ordenó a sus criados que lo cuidasen.

CAPÍTULO XXXII

Batalla entre don Quijote de la Mancha y Tosilos

Llegó el día de la batalla. Los duques ordenaron a un criado llamado Tosilos que luchase con don Quijote, pues el amante de la hija de doña Rodríguez había huido a Flandes.[245] El duque advirtió a Tosilos que no debía matar ni herir a don Quijote. Don Quijote esperaba en el campo de batalla a su rival. Tosilos llegó y miró a la hija de doña Rodríguez. Don Quijote esperaba la señal para empezar la batalla. Pero Tosilos tenía pensamientos diferentes. Cuando vio a la hija de doña Rodríguez, le pareció la mujer más hermosa del mundo. Así que Tosilos no escuchó la señal y no se movió. Mientras, don Quijote fue rápido hacia su enemigo.

Sancho gritaba:

—¡Dios te guíe, nata y flor de los caballeros andantes!

Aunque Tosilos vio venir a don Quijote, no se movió. Empezó a decir con grandes voces:

—Señor, ¿esta batalla se hace porque me case con aquella señora?

---

[245] *Flandes:* región del noroeste de Europa (también conocida como Países Bajos) que perteneció a España en la época de Felipe II.

—Así es —respondieron.

—Pues —dijo Tosilos— me doy por vencido. Me casaré con ella.

Don Quijote se detuvo. Mientras, Tosilos se acercó a doña Rodríguez y dijo:

—Yo, señora, me casaré con vuestra hija.

Entonces, don Quijote dijo:

—Pues yo quedo libre de mi promesa.

El duque se acercó a Tosilos y le dijo:

—¿Es verdad, caballero, que queréis casaros con esta doncella?

—Sí, señor —respondió Tosilos.

Se quitó el casco y doña Rodríguez y su hija dijeron:

—¡Engaño, engaño! ¡Han puesto a Tosilos en lugar de mi verdadero esposo! ¡Justicia!

—No os preocupéis —dijo don Quijote—. Han sido los malos encantadores que me persiguen. Ellos han cambiado la cara de vuestro esposo por la de Tosilos. Tomad mi consejo y casaos con él.

El duque dijo:

—Encerraremos quince días a Tosilos. Así podremos ver si es el verdadero.

La hija de doña Rodríguez contestó:

—Da igual quién sea. Me casaré con él.

Encerraron a Tosilos y volvieron todos al castillo. Don Quijote pensó que ya era hora de irse. Pidió permiso a los duques y se lo dieron. Se despidieron y por la mañana don Quijote y Sancho se marcharon hacia Zaragoza.

CAPÍTULO XXXIII

◄20 *Don Quijote falso*

Don Quijote y Sancho pararon a descansar en una fresca arboleda.[246] Comieron algo y se echaron a dormir. Despertaron algo tarde. Volvieron a subir sobre sus animales y siguieron su camino. Llegaron a una venta (así la llamó don Quijote, y no *castillo* como otras veces) y preguntaron si había habitación. Les dijeron que sí. Llegó la hora de cenar. El huésped les trajo la cena a la habitación y se sentaron a cenar. En la habitación de al lado, don Quijote oyó decir:

—Señor don Jerónimo, vamos a leer otro capítulo de la segunda parte de *Don Quijote de la Mancha*.

Cuando don Quijote oyó su nombre, se levantó y escuchó lo que decían.

—¿Para qué quiere, señor don Juan —respondió don Jerónimo—, leer estos disparates? Quien ha leído la primera parte, no puede gustarle esta segunda.

---

[246] *Arboleda:* conjunto de árboles que hay en un lugar.

—Leámosla —dijo don Juan—. No hay libro malo que no tenga alguna cosa buena. Lo que menos me gusta es que don Quijote está desenamorado[247] de Dulcinea.

Al oír esto, don Quijote gritó muy enfadado:

—Don Quijote de la Mancha no ha olvidado, ni puede, a Dulcinea del Toboso. Quien diga lo contrario, miente.

—¿Quién nos responde? —dijeron desde la otra habitación.

—El mismo don Quijote de la Mancha —respondió Sancho.

En ese momento, entraron en la habitación dos caballeros. Uno de ellos abrazó a don Quijote y le dijo:

—Sin duda sois el verdadero don Quijote de la Mancha.

Le entregaron el libro que estaban leyendo. Don Quijote lo hojeó[248] y dijo al rato:

—En lo poco que he visto, he encontrado cosas dignas de castigo.

Los dos caballeros pidieron a don Quijote que cenase con ellos en su habitación. Don Quijote aceptó y cenó con ellos. Don Juan le preguntó qué noticias tenía de Dulcinea. Les contó el encantamiento, lo sucedido en la cueva de Montesinos y la orden de Merlín para desencantarla.

Los dos caballeros estaban muy contentos por saber las aventuras de don Quijote. Le preguntaron adónde iba. Respondió que a

---

247 *Desenamorado:* que ya no está enamorado.

248 *Hojeó:* miró por encima un libro sin detenerse a leer.

Zaragoza para participar en unas justas. Don Juan le dijo que en la segunda parte el falso don Quijote iba a Zaragoza.

—Pues por eso —respondió don Quijote— no iré a Zaragoza. Así demostraré la mentira de ese historiador. La gente verá que no soy el don Quijote que él dice.

—Hará muy bien —dijo don Jerónimo—. Hay otras justas en Barcelona.[249] Allí podrá demostrar su valor.

—Así lo haré —dijo don Quijote.

Después de esta conversación, don Quijote se fue a dormir. Madrugó, dio golpes a la pared y se despidió de sus huéspedes.

[249] *Barcelona:* ciudad de Cataluña (España).

CAPÍTULO XXXIV

◄21 *Encuentro con Roque Guinart*

Don Quijote salió de la venta una fresca mañana. Antes de salir se informó de cuál era el camino más recto para ir a Barcelona sin pasar por Zaragoza. Él quería demostrar que el nuevo historiador que le criticaba era un mentiroso.

No les pasó nada durante seis días. Por la noche, pararon a descansar entre unos árboles. Sancho se durmió enseguida, pero don Quijote no podía dormir. Le desesperaba la poca caridad de su escudero. Sólo se había azotado cinco veces. Le faltaban infinitos azotes todavía. Entonces, se acercó a Sancho. Le quitó el cinturón que sujetaba los calzones y quiso azotarle con las riendas[250] de Rocinante.

Pero, de repente, Sancho despertó y dijo:

—¿Qué es esto? ¿Quién me toca?

—Soy yo —respondió don Quijote—. Vengo a azotarte.

—Eso no —dijo Sancho—. Estese quieto. Los azotes deben ser voluntarios. Además, ahora no tengo ganas de azotarme.

---

[250] *Riendas:* correas o cuerdas que sirven para dirigir a los caballos u otros animales similares.

Don Quijote seguía intentando azotarle. Sancho Panza se levantó y tiró a su señor al suelo. Luego puso su rodilla sobre el pecho de don Quijote. Sujetaba sus manos y no le dejaba moverse.

Don Quijote decía:

—¿Cómo, traidor?[251] ¿Contra tu señor te rebelas?[252]

—Sólo me ayudo a mí mismo —respondió Sancho—. Prométame que no intentará azotarme por ahora, si no

aquí morirás, traidor,
enemigo de doña Sancha.

Don Quijote se lo prometió y juró no tocarle. Sancho se levantó y se alejó un poco. Se acercó a un árbol y sintió que algo le tocaba la cabeza. Eran unos pies. Tembló de miedo, fue a otro árbol y le pasó lo mismo. Pidió ayuda a don Quijote. Éste le preguntó qué pasaba y Sancho dijo que había pies en todos los árboles.

Don Quijote los tocó y le dijo a Sancho:

—No tengas miedo. Estos pies son de bandoleros[253] ahorcados.[254] La justicia suele ahorcar a los delincuentes en esta zona. Debemos de estar cerca de Barcelona.

---

[251] *Traidor:* persona que perjudica o engaña a otra a la que debería obedecer y respetar.

[252] *Rebelas:* opones o enfrentas a una autoridad o a alguien a quien se debe respeto.

[253] *Bandoleros:* personas que se dedicaban a robar y asesinar.

[254] *Ahorcados:* personas que han muerto colgadas de una cuerda atada al cuello.

Ya amanecía. De repente aparecieron más de cuarenta bandoleros. Les rodearon y les dijeron que no se moviesen. Llegó el capitán, se acercó a don Quijote y le dijo:

—No estéis triste, buen hombre. No soy cruel,* sino compasivo.[255] Me llamo Roque Guinart.

—No estoy triste por caer en tu poder, ¡oh valiente Roque! —respondió don Quijote—. Estoy triste por mi descuido.* La orden de la caballería andante obliga a estar siempre alerta. Entonces no me cogerían tus soldados. Yo soy don Quijote de la Mancha.

Roque Guinart entendió que la enfermedad de don Quijote era más locura que valentía. Se alegró de encontrarlo, porque había oído hablar de él. Luego le dijo:

—Valiente caballero, no os preocupéis. Vuestra suerte cambiará. El cielo levanta a los caídos y enriquece a los pobres.

Después Roque se apartó y escribió una carta a un amigo de Barcelona. Le decía que estaba con él don Quijote de la Mancha. También le decía que en cuatro días llegaría a Barcelona con su escudero. Cuando acabó, la mandó llevar a su destinatario.

---

[255] *Compasivo:* que siente lástima y comprensión por quien sufre o tiene problemas.

CAPÍTULO XXXV

Don Quijote y Sancho llegan a Barcelona

Don Quijote estuvo tres días con Roque. Después partieron hacia Barcelona. Llegaron a su playa la víspera[256] de San Juan.[257] Miraron por todas partes y vieron el mar. Ninguno lo había visto antes. Les pareció muy grande y largo. También vieron galeras[258] en la playa. Entonces llegaron corriendo algunas personas para saludarles. El amigo de Roque dijo a don Quijote:

—Bienvenido, estrella y norte de la caballería andante.

Don Quijote no respondió. Miró a Sancho y dijo:

—Éstos nos han conocido. Seguro que han leído nuestra historia.

Volvió otra vez el caballero y le dijo:

—Venga con nosotros, señor don Quijote. Somos sus servidores y amigos de Roque Guinart.

Don Quijote respondió:

---

256 *Víspera:* día anterior a otro.

257 *San Juan:* 24 de junio.

258 *Galeras:* barcos con velas y remos donde solían remar los condenados.

—Llevadme donde queráis.

Todos se fueron a la ciudad y llegaron a casa del caballero. Era un hombre importante y rico.

CAPÍTULO XXXVI

Aventura de la cabeza encantada

El caballero se llamaba don Antonio Moreno. Aquel día comieron en su casa con algunos amigos. Trataron a don Quijote como a un verdadero caballero andante. Después de comer, don Antonio llevó a don Quijote a una habitación. Allí había una cabeza de bronce* sobre una mesa. Don Antonio le dijo:

—Señor don Quijote, le contaré una de las más raras aventuras imaginables.[259] Pero prométame que guardará el secreto.

—Lo juro —respondió don Quijote.

—Esta cabeza, señor don Quijote —dijo don Antonio—, la hizo uno de los mayores encantadores del mundo. Responde todas las preguntas.

Don Quijote quedó admirado y no sabía si creerlo. Después salieron de la habitación. Don Antonio cerró la puerta y fueron a la sala con los demás caballeros. Mientras, Sancho contó muchas de sus aventuras a los demás. Por la noche, la mujer de don Antonio invitó a sus amigas. Cenaron muy bien y después bailaron. Dos damas

---

[259] *Imaginables:* que se pueden imaginar.

burlonas sacaron a bailar a don Quijote. No paraban de bailar. Don Quijote estaba muy cansado y se sentó en el suelo. Sancho lo llevó a la cama y lo tapó.

Al día siguiente, don Antonio decidió mostrar a don Quijote la virtud de la cabeza encantada. Entraron todos en la habitación. Don Antonio preguntó primero a la cabeza encantada. Le dijo:

—¿Cuántos estamos aquí?

—Tú, tu mujer, dos amigos tuyos y dos de ella —respondió la cabeza—. También está el famoso caballero don Quijote de la Mancha y su escudero.

Luego le preguntó don Quijote:

—¿Fue verdad o sueño lo que pasó en la cueva de Montesinos? ¿Sancho se dará los azotes? ¿Se desencantará Dulcinea?

—Lo de la cueva, tiene de todo —respondió la cabeza—. Los azotes de Sancho irán despacio. El desencantamiento de Dulcinea se ejecutará.

—No quiero saber más —dijo don Quijote.

El último en preguntar fue Sancho. Le preguntó:

—¿Tendré otro gobierno? ¿Dejaré de ser escudero? ¿Volveré a ver a mi mujer y a mis hijos?

Entonces la cabeza respondió:

—Gobernarás en tu casa. Si vuelves a ella, verás a tu mujer e hijos. Y si dejas de servir, dejarás de ser escudero.

—¡Vaya! —dijo Sancho Panza—. Esto también sé decirlo yo.

—Bestia —dijo don Quijote—, ¿qué quieres que te responda? ¿No es suficiente con que las respuestas correspondan a las preguntas?

—Sí basta —respondió Sancho—. Pero me gustaría saber más cosas.

Acabaron las preguntas y las respuestas. En realidad, la cabeza no estaba encantada. Estaba hueca, y también la mesa. En la habitación de abajo había un tubo.* Este tubo estaba unido a la cabeza. Así, desde la habitación de abajo, hablaban y el sonido salía por la cabeza. Un sobrino de don Antonio respondía a las preguntas.

Más tarde, don Quijote decidió pasear por la ciudad. Al pasar por una calle vio escrito en una puerta: *Aquí se imprimen* libros*. Estaba muy contento porque nunca había visto una imprenta.[260] Entró y vio todo lo que se hace en una imprenta. Vio también que corregían un libro. Preguntó por su título y le respondieron que se llamaba: *Segunda parte del ingenioso hidalgo don Quijote de la Mancha*. Su autor era un vecino de Tordesillas.[261]

—Ya tengo noticia de este libro —dijo don Quijote—. Pensé que debía estar ya quemado por impertinente. Pero ya le llegará su hora.

Y salió de la imprenta algo triste.

---

260 *Imprenta:* lugar donde se fabrican libros.

261 *Tordesillas:* ciudad de Valladolid (provincia de España) de donde, supuestamente, era el autor del falso Quijote.

CAPÍTULO XXXVII

◄22 *Batalla con el Caballero de la Blanca Luna*

Una mañana, don Quijote salió a pasear por la playa. Como siempre, iba armado según exige la orden de la caballería andante. Llegó un caballero, también armado, con una luna en el escudo. Se acercó a don Quijote y le dijo:

—Soy el Caballero de la Blanca Luna. Vengo a luchar contigo. Deberás confesar que mi dama es más hermosa que tu Dulcinea. Si gano la batalla, dejarás las armas durante un año. Volverás a tu pueblo y vivirás tranquilo. Si me vences, haré lo que me digas.

Don Quijote quedó sorprendido por la arrogancia[262] del caballero. Pero también por la causa del desafío. Con tranquilidad le respondió:

—Caballero de la Blanca Luna, acepto vuestro desafío. Tomad la parte del campo que queráis.

Don Antonio y otros caballeros fueron a la playa para ver lo que ocurría. Don Quijote se encomendó[263] al cielo y a Dulcinea, como solía

---

[262] *Arrogancia:* actitud de desprecio hacia otras personas que tiene alguien que considera a los demás inferiores a él.

[263] *Encomendó:* pidió protección o ayuda a alguien.

hacer al comenzar las batallas. Los dos caballeros pusieron distancia entre ellos y luego se dieron la vuelta. El caballo del de la Blanca Luna era más ligero que Rocinante. Llegó rápido y golpeó a don Quijote con mucha fuerza. Rocinante y don Quijote cayeron al suelo.

El caballero de la Blanca Luna le puso la lanza en la cara y le dijo:

—Estáis vencido, caballero. Confesad lo que prometisteis.

Don Quijote estaba muy malherido.[264] Con voz débil y enferma dijo:

—Dulcinea del Toboso es la más hermosa mujer del mundo. Yo soy el caballero más desgraciado de la tierra por mi debilidad.* Aprieta la lanza, caballero, y mátame.

—No lo haré —dijo el de la Blanca Luna—. Viva la hermosura de la señora Dulcinea del Toboso. Es suficiente con que vuelva a su pueblo durante un año.

Don Quijote dijo que cumpliría como verdadero caballero. Después el caballero de la Blanca Luna se fue. Don Antonio lo siguió para saber quién era. Mientras, levantaron a don Quijote, le quitaron el casco y lo vieron sin color. Rocinante no podía moverse. Sancho estaba muy triste. No sabía qué decir ni qué hacer. Veía a su señor rendido[265] y obligado a no tomar armas en un año. Todas las promesas desaparecieron.

Finalmente, llevaron a don Quijote a casa de don Antonio.

---

[264] *Malherido:* herido grave.

[265] *Rendido:* sometido y entregado a la persona que le ha vencido.

CAPÍTULO XXXVIII

La verdadera historia del Caballero de la Blanca Luna

Don Antonio siguió al Caballero de la Blanca Luna hasta un mesón.[266] Al ver el de la Blanca Luna que aquel caballero no lo dejaba, le dijo:

—Bien sé, señor, a lo que venís. Queréis saber quién soy. Señor, me llamo Sansón Carrasco. Soy vecino de don Quijote de la Mancha. Todos los que le conocemos sentimos pena por él y su locura. Creemos que debe descansar para recuperar el juicio. Por eso preparé este plan para llevarlo a casa.

—¡Oh señor —dijo don Antonio—, Dios os perdone por querer volver cuerdo al más gracioso loco del mundo!

Luego don Antonio volvió a su casa. Don Quijote estuvo seis días en la cama. Estaba muy triste y pensativo. Sancho le consolaba y le decía:

—Señor mío, alégrese. Volvamos a casa y dejemos de buscar aventuras.

---

[266] *Mesón:* lugar donde la gente puede dormir y comer.

—Calla, Sancho —dijo don Quijote—. Después de un año volveré a mis aventuras.

Llegó el día de la partida de don Quijote y Sancho. Se despidieron de todos y se marcharon de camino a casa. Aquella noche la pasaron en mitad del campo. Al día siguiente, continuaron su camino.

CAPÍTULO XXXIX

Aventura de los cerdos

Mientras caminaban, don Quijote le dijo a su escudero:

—¡Oh Sancho! Si te parece bien, nos convertiremos en pastores. Por lo menos el tiempo que debo estar recogido. Compraré ovejas y todo lo necesario. Me llamaré pastor Quijotiz y tú pastor Pancino. Andaremos por los montes, cantaremos, beberemos de las fuentes.

—Me parece muy bien —dijo Sancho—. Me gusta ese tipo de vida.

Después, pararon a cenar y se acostaron. La noche era oscura. Sancho dormía profundamente, pero don Quijote no podía dormir. Despertó a Sancho y le dijo:

—Estoy maravillado,* Sancho. Yo estoy despierto cuando tú duermes. Yo lloro cuando tú cantas. Levántate y date trescientos o cuatrocientos azotes.

—Déjeme dormir o juraré no azotarme nunca —dijo Sancho.

—¡Oh alma insensible! ¡Oh escudero sin piedad!

De repente sintieron un gran ruido. Don Quijote se levantó y cogió su espada. Sancho se escondió debajo del burro. El ruido era cada vez mayor. Unos hombres iban a vender unos cerdos en una feria. Eran ellos los que hacían el ruido.

Llegaron los animales y pasaron por encima de don Quijote y Sancho. Sancho se levantó y pidió a su señor la espada. Quería matar a los cerdos.

Don Quijote le dijo:

—Déjalos, amigo. Es un castigo del cielo por estar vencido.

Llegó el día. Despertaron y volvieron a su camino. Por la tarde, vieron a algunos hombres a caballo y otros a pie. Llevaban lanzas y espadas. Sin hablar, rodearon a don Quijote. Le hicieron una señal para que no hablase. Cogieron a Rocinante y lo sacaron del camino. También rodearon a Sancho y al burro. A la una de la noche llegaron a un castillo. Don Quijote reconoció que era el del duque.

—¡Dios mío! —dijo al reconocer el castillo—. ¿Qué será esto? Para los vencidos el bien se transforma en mal.

Luego entraron en el patio del castillo.

CAPÍTULO XL

23 *Muerte de Altisidora*

En medio del patio había un sepulcro. Estaba cubierto de terciopelo* negro y rodeado de velas blancas. Encima del sepulcro estaba el cuerpo de una hermosa doncella. A un lado del patio había un tablado y sobre él dos personajes sentados en dos sillas. Parecían reyes porque llevaban coronas* en la cabeza. Al lado había dos sillas donde sentaron a don Quijote y a Sancho. Luego aparecieron los duques y se sentaron junto a los reyes.

Don Quijote conoció que el cuerpo muerto era Altisidora. Uno de los reyes dijo:

—¡Ministros de esta casa! Dad a Sancho veinticuatro mamonas,[267] doce pellizcos[268] y seis alfilerazos.[269] Así resucitará Altisidora.

Al oírlo, Sancho dijo:

—¡No me dejaré tocar!

---

[267] *Mamonas:* cachetes, golpes con la mano abierta.

[268] *Pellizcos:* acción que consiste en coger con los dedos un poco de carne y retorcerla hasta hacer daño.

[269] *Alfilerazos:* pinchazos con alfileres (ver nota 271).

—Morirás —dijo el rey—. Ablándate. ¡Ministros, cumplid mi orden!

Aparecieron seis dueñas con las manos derechas levantadas. Cuando Sancho las vio, dijo:

—Me dejaré tocar por todo el mundo menos por dueñas. ¡Eso no!

Don Quijote rompió su silencio y le dijo:

—Ten paciencia, hijo. Da gracias por poder desencantar a los encantados y resucitar a los muertos.

Ya estaban las dueñas cerca de Sancho. Una a una pellizcaron y pincharon[270] con alfileres[271] a Sancho. Entonces Altisidora se movió. Todos empezaron a gritar:

—¡Altisidora está viva! ¡Altisidora vive!

Los duques se levantaron y fueron a recibir a Altisidora. Ella se arrodilló ante los duques y dijo a don Quijote:

—Dios te lo perdone, desenamorado caballero. Por tu crueldad* he estado en el otro mundo. ¡Oh compasivo escudero! Gracias por salvarme.

Después, todos se fueron a sus habitaciones. El duque mandó llevar a don Quijote y a Sancho a la suya. Apenas entró el hidalgo en la cama, dijo:

---

[270] *Pincharon:* clavaron un objeto punzante.

[271] *Alfileres:* objetos de metal con un extremo en punta y el otro con una cabecilla. Sirven para sujetar telas para poder coserlas después.

—¿Qué te parece, Sancho, el suceso de esta noche? ¡Muerta Altisidora por la indiferencia con que siempre la traté!

—Muérase ella cuanto quiera y como quiera —respondió Sancho— y déjeme a mí en mi casa, pues ni la enamoré ni la desprecié. No sé por qué la salud de Altisidora tiene que ver con los martirios[272] de Sancho Panza. Ahora sí creo que hay encantadores en el mundo. Y le suplico a vuestra merced que me deje dormir. No me pregunte más si no quiere que me tire por la ventana.

—Duerme, Sancho amigo —respondió don Quijote—, si te lo permiten los alfilerazos, pellizcos y mamonas recibidas.

—Ningún dolor —replicó Sancho— fue peor que las mamonas, porque me las hicieron dueñas. Y vuelvo a suplicarle que me deje dormir. El sueño alivia las miserias.

—Así sea —dijo don Quijote—, y Dios te acompañe.

Cide Hamete cuenta luego por qué se burlaron los duques del caballero y su escudero. Dice que el bachiller Sansón Carrasco quiso pelear con don Quijote, pues no olvidaba que fue vencido por él. Se informó del lugar donde estaban don Quijote y Sancho, buscó armas nuevas y caballo y puso una blanca luna en el escudo.

Llegó al castillo del duque y le informó de que don Quijote iba a unas justas a Zaragoza. También le contó las burlas que le hicieron sobre el desencantamiento de Dulcinea. El duque le pidió que si lo encontraba, le venciese o no, volviese por allí para contarle lo suce-

[272] *Martirios:* torturas o sufrimientos intensos.

dido. Así lo hizo el bachiller. Partió en su busca, no lo encontró en Zaragoza, siguió adelante y sucedió lo que queda dicho.

Volvió por el castillo del duque y le contó todo. Le dijo que don Quijote volvía a casa para cumplir con las condiciones de la batalla. Debía retirarse un año en su pueblo y así sanaría de su locura. Con esto, se despidió del duque y volvió a su pueblo, donde esperó a don Quijote.

De aquí tomó ocasión el duque para hacerle aquella burla.

Llegó el día y se levantaron. Los duques entraron a verlos. Don Quijote les pidió permiso para marcharse y aquella misma tarde don Quijote y Sancho abandonaron el palacio de los duques.

CAPÍTULO XLI

Azotes de Sancho Panza

Siguieron los dos su camino a casa. Durante el camino, don Quijote le dijo a Sancho:

—Si quieres paga por los azotes, te la daré.

A Sancho le pareció bien la propuesta de su señor. Le dijo:

—Señor, daré gusto a vuestra merced con beneficio para mí. El amor a mis hijos y a mi mujer me hace ser interesado. ¿Cuánto me dará por cada azote?

—Pon precio a cada azote —respondió don Quijote— y coge el dinero.

—Son ochocientos veinticinco reales —respondió Sancho— por los tres mil trescientos azotes.

—¡Oh Sancho bendito! ¡Oh Sancho amable! —respondió don Quijote—. Dulcinea y yo quedaremos obligados a servirte todos los días de nuestra vida. ¿Cuándo comenzarás con los azotes?

—¿Cuándo? —replicó Sancho—. Esta misma noche.

Llegó la noche y don Quijote estaba ansioso* por ver cumplir a Sancho su promesa. Después de cenar, Sancho se retiró entre unos árboles para azotarse.

Don Quijote le dijo:

—Ten cuidado, amigo, no te hagas pedazos.

—Pienso darme para que me duela, pero sin matarme —respondió Sancho.

Se desnudó de cintura para arriba. Cogió una cuerda y don Quijote empezó a contar los azotes. Sancho se dio seis u ocho azotes. Como le dolía, dejó de dárselos en la espalda. Empezó a darlos en los árboles. Mientras, suspiraba para parecer que se los daba a él mismo.

Don Quijote, preocupado por Sancho, le dijo:

—Sancho, deja de azotarte. Ya llevas más de mil azotes. Basta por ahora, que no se ganó Zamora en una hora.[273]

—No, no, señor —respondió Sancho—. No quiero que se diga de mí que «a dineros pagados, brazos quebrados».[274] Así que me daré otros mil.

—De acuerdo —dijo don Quijote—. Que el cielo te ayude.

Sancho volvió a su tarea. Un poco después, don Quijote se acercó y le quitó la cuerda. Le dijo:

---

273 *No se ganó Zamora en una hora:* refrán que significa que no hay que impacientarse y pretender conseguir algo importante con demasiada rapidez.

274 *A dineros pagados, brazos quebrados:* refrán que significa que una vez recibido el dinero, se pierde el estímulo de hacer algo.

—No permitiré, Sancho amigo, que por mi gusto pierdas tu vida.

Abrigó a Sancho con su capa y durmieron hasta que los despertó el sol.

CAPÍTULO XLII

◄24 *Vuelta a casa*

Aquel día y aquella noche caminaron sin sucederles nada. Sancho acabó sus azotes y don Quijote quedó muy contento. Esperaba el día para encontrar a Dulcinea desencantada.[275] Subieron a una cuesta y vieron su pueblo. Sancho se arrodilló y dijo:

—Abre los ojos, deseada patria, y mira que vuelve Sancho Panza, tu hijo. No muy rico, pero muy bien azotado.

—No digas tonterías —dijo don Quijote—. Vamos a entrar en nuestro pueblo con pie derecho.[276] Tenemos que preparar nuestra vida de pastores.

Bajaron la cuesta y fueron a su pueblo. En la entrada del pueblo había dos niños discutiendo. Uno dijo al otro:

—No te canses, Periquillo. No la verás en todos los días de tu vida.

Lo oyó don Quijote y dijo a Sancho:

—¿Has oído lo que ha dicho aquel niño?

---

[275] *Desencantada:* que ya no está encantada.

[276] *Con pie derecho:* con buena suerte, con buen pie.

—¿Qué importa lo que ha dicho? —respondió Sancho.

—¿Qué? —replicó don Quijote—. Quiere decir que no veré más a Dulcinea.

Sancho le quería responder, pero se lo impidió una liebre* a la que perseguían muchos galgos[277] y cazadores. La liebre se escondió en los pies del burro. Sancho la cogió y se la dio a don Quijote. Entonces, don Quijote dijo:

—¡*Malum signum!*[278] ¡*Malum signum!* Liebre huye, galgos la siguen: ¡Dulcinea no aparece!

—Vuestra merced es extraño —dijo Sancho—. Supongamos que esta liebre es Dulcinea. Los galgos son los encantadores que la transformaron en labradora. Ella huye, yo la cojo y se la doy. Vuestra merced la tiene en los brazos y la protege. ¿Qué mala señal es esta?

Llegaron los cazadores, pidieron la liebre y don Quijote se la dio. Después entraron en el pueblo. Encontraron al cura y al bachiller Carrasco en un prado. Todos se abrazaron. Luego fueron a casa de don Quijote. En la puerta esperaban la criada y la sobrina. También esperaba Teresa Panza con su hija Sanchica.

Al ver a su marido, le dijo:

—¿Cómo venís así, marido mío? No tenéis aspecto de gobernador.

—Calla, Teresa —respondió Sancho—. Vamos a casa y oirás maravillas. Tengo dinero ganado por mí.

---

[277] *Galgos:* perros de caza muy delgados y grandes corredores.
[278] *Malum signum:* «mala señal», «mal augurio».

Don Quijote les contó al cura y al bachiller su derrota.* Les dijo que quería hacerse pastor. Se quedaron sorprendidos por la nueva locura de don Quijote, pero lo aprobaron y se ofrecieron como compañeros. No querían que se fuese otra vez del pueblo. Luego se despidieron y le rogaron que cuidase su salud.

—Llevadme a la cama. No estoy muy bueno —dijo don Quijote.

La criada y la sobrina lo llevaron a la cama, le dieron de comer y lo cuidaron.

CAPÍTULO XLIII

◀25 *Muerte de don Quijote*

Las cosas humanas no son eternas. La vida de don Quijote llegó a su fin cuando menos lo pensaba. La fiebre* le tuvo seis días en la cama. Lo visitaban sus amigos y Sancho no se apartaba de él. Todos intentaban alegrarle. Le decían que se levantase para comenzar su nuevo oficio de pastor. Pero don Quijote seguía triste. Llamaron al médico. Le tomó el pulso* y no le gustó. Dijo que su vida corría peligro. Don Quijote lo escuchó tranquilo. Pero la criada, la sobrina y Sancho comenzaron a llorar.

Don Quijote pidió que lo dejasen solo. Quería dormir un poco. Durmió más de seis horas. Cuando despertó, dijo:

—¡Bendito sea el poderoso Dios! Ya tengo juicio. Ya no estoy loco por culpa de los libros de caballerías. Sobrina, estoy a punto de morir. Llama a mis amigos. Quiero confesarme y hacer mi testamento.[279]

En ese momento entraron el cura, el bachiller y el barbero. Cuando don Quijote los vio, les dijo:

---

[279] *Testamento:* declaración voluntaria de una persona en la que indica qué se debe hacer con sus bienes después de su muerte.

—Ya no soy don Quijote de la Mancha, sino Alonso Quijano el Bueno.

Los tres creyeron que era una nueva locura. Sansón le dijo:

—¿Ahora, señor don Quijote, que sabemos que Dulcinea está desencantada?

—Señores, me estoy muriendo. No se burlen y traigan un confesor* y un escribano.[280]

El cura se quedó con él y le confesó. El bachiller fue a buscar al escribano y a Sancho Panza. Éste, que ya sabía cómo estaba su señor, comenzó a llorar. El cura salió diciendo:

—Verdaderamente se muere. Y verdaderamente está cuerdo Alonso Quijano el Bueno. Entremos para que haga su testamento.

Entraron todos y don Quijote dijo:

—Quiero pagar a Sancho el dinero que le debo.

Se volvió a Sancho y le dijo:

—Perdóname, amigo, por hacerte parecer loco como yo.

—¡Ay! —respondió Sancho, llorando— no se muera, señor mío. Viva muchos años. La mayor locura de un hombre es dejarse morir.

Pero don Quijote siguió con su testamento:

—Doy todos mis bienes a mi sobrina Antonia Quijano. A mi criada páguesele lo que le debo y veinte ducados[281] para un vestido.

---

280 *Escribano:* secretario judicial.

281 *Ducados:* monedas antiguas de cierto valor.

Mis albaceas[282] serán el señor cura y el bachiller Sansón Carrasco. Además, mi sobrina no podrá casarse con hombre que lea libros de caballerías.

Terminó el testamento y se desmayó. Vivió tres días más. Luego, llegó el último día de don Quijote. Entre lágrimas de los que estaban allí, murió.

Este fin tuvo el Ingenioso Hidalgo de la Mancha. El autor de esta historia no quiso poner el nombre de su pueblo. Así todos los pueblos de la Mancha pelearían por serlo. Igual que pelearon las siete ciudades de Grecia por Homero.[283]

Sansón Carrasco escribió el siguiente epitafio para don Quijote:

Yace aquí el hidalgo fuerte
que a tanto extremo llegó
de valiente, que se advierte
que la Muerte no triunfó
de su vida con su muerte.
Tuvo a todo el mundo en poco;
fue el espantajo y el coco
del mundo, en tal coyuntura,
que acreditó su ventura
morir cuerdo y vivir loco.

---

282 *Albaceas:* personas encargadas de procurar que se cumpla un testamento o la última voluntad de alguien que ha muerto.

283 *Homero:* poeta griego autor de la *Ilíada* y la *Odisea*.

› Responde a las siguientes cuestiones:

1. ¿Quién es Sansón Carrasco?
2. ¿Dónde decide ir don Quijote en su tercera salida? ¿Por qué?
3. ¿Por qué no quiere la mujer de Sancho Panza que su hija sea condesa?
4. ¿Qué le pide Sancho Panza a don Quijote antes de partir?
5. ¿Cómo engaña Sancho Panza a don Quijote cuando van al Toboso a buscar a Dulcinea?
6. ¿Quién es el Caballero de los Espejos?
7. ¿Qué le ocurrió a don Quijote en la cueva de Montesinos?
8. ¿Es realidad o fantasía lo que le pasó a don Quijote en la cueva?
9. ¿Quién es maese Pedro?
10. ¿Por qué don Quijote creyó ser un verdadero caballero andante cuando llegó al palacio de los duques?
11. Según Merlín, ¿cómo debe desencantarse a Dulcinea?
12. ¿Qué es Clavileño?
13. ¿Por qué cree Sancho Panza que están volando cuando suben en Clavileño?
14. ¿Para qué entró doña Rodríguez en la habitación de don Quijote?
15. ¿Por qué abandona Sancho Panza el gobierno de la ínsula?
16. ¿Por qué Tosilos no lucha contra don Quijote?
17. ¿Por qué decide don Quijote no ir a Zaragoza?
18. ¿Quién es Roque Guinart?
19. ¿Por qué habla la cabeza encantada de don Antonio?

20. ¿Qué oficio quiere practicar don Quijote cuando vuelva a su aldea?

› ¿Verdadero o falso?:

21. Sansón Carrasco dijo que la historia de don Quijote y Sancho es difícil de entender para la gente.
22. Don Quijote está enamorado de Dulcinea de oídas.
23. El escudero del Caballero de los Espejos es amigo de Sancho.
24. Don Quijote luchó con dos grandes leones y los mató.
25. Don Quijote vio a Dulcinea encantada en la cueva de Montesinos.
26. El mono de maese Pedro adivinaba el futuro.
27. Los duques conocían la historia de don Quijote y Sancho.
28. La condesa Trifaldi también era conocida como la dueña Malherida.
29. Altisidora estaba enamorada de Sancho Panza.
30. Sancho podía comer y beber todo lo que quería en la ínsula Barataria.

› Lee el siguiente texto y subraya las ideas principales:

Sepamos ahora, Sancho hermano, dónde vas. ¿Qué vas a buscar? A una princesa. ¿Adónde? A la gran ciudad del Toboso. ¿Y la has visto algún día? Ni yo ni mi señor la vimos nunca. ¡El diablo, el diablo me ha metido a mí en esto! Pero todas las cosas tienen remedio. Mi señor es un loco de atar. Y yo también, por seguirlo y servirlo, que, como dice el refrán: «Dime con quién andas y te diré quién eres». Como está loco, le haré creer que la primera labradora que encuentre es la señora Dulcinea.

› Relaciona cada palabra o expresión con su definición:

Nº	Palabra/expresión
1	Agravio
2	Talega
3	Bandolero
4	Desafiar
5	Dormir a pierna suelta
6	Sin rodeos
7	De carne y hueso
8	Justas
9	Maldecir

Opción	Definición
A	Persona que se dedicaba a robar y asesinar.
B	Real, verdadero.
C	Competición en la que los caballeros mostraban su habilidad con las armas.
D	Daño o perjuicio.
E	Desear algo malo a alguien con palabras.
F	Provocar a una persona para luchar.
G	Bolsa de tela, larga y estrecha, que se usa para guardar o llevar cosas.
H	Dormir muy profundamente.
I	Directamente.

› Tacha la palabra que no guarde relación con el significado de las demás:

a) Cementerio, testamento, luto, confesor, refrán.

b) Alfilerazo, cuchillada, pellizco, pañuelo, mamona.

c) Ladrón, ninfa, bandolero, engañador, galeote.

d) Arrogancia, crueldad, discreción, debilidad, malicia.

e) Anochecer, rebaño, antorcha, roncar, dormir a pierna suelta.

› Agrupa las palabras listadas a continuación con cada una de las siguientes categorías:

Ajo, arpa, barbero, cebolla, cerdo, comediante, conde, condesa, duque, escribano, galgo, ganadero, halcón, infanta, jaca, laúd, liebre, pan, princesa, requesón, tambores, titiritero, vihuela.

Instrumentos	Oficios	Alimentación	Títulos	Animales

› Completa los textos siguientes con las expresiones que aparecen en el recuadro:

Texto 1:

En ese momento, oyeron .... de Rocinante. Don Quijote .... que era una buena señal y decidió hacer otra .... en unos días. Se lo dijo .... bachiller y le preguntó por .... empezar el viaje. El bachiller le respondió que debía ir a .... porque había unas .... muy importantes.

al / relinchos / salida / Zaragoza / pensó / justas / dónde

Texto 2:

Don Quijote también se .... junto a Sancho. Miraba .... ojos desencajados a la que Sancho llamaba .... y señora. A él .... parecía una .... fea y carirredonda. Estaba tan .... que no se atrevía a abrir la ....

sorprendido / con / moza / arrodilló / le / reina / boca

Texto 3:

Quiero darte unos .... para ser un buen .... Primero, ¡oh hijo!, teme a Dios, ... es de sabios. Segundo, conócete a .... mismo. Sé humilde y .... desprecies tus orígenes. Descubre la verdad entre los .... de los ricos y las .... de los pobres. Si sigues estas reglas, Sancho, tus días serán largos y tu .... eterna.

ti / regalos / consejos / porque lágrimas / gobernador / no / fama

› Relaciona cada palabra de la columna izquierda con los sinónimos y antónimos que le correspondan en la columna derecha:

Lista de palabras	Sinónimos y antónimos
chismosa, confesar, cuerdo, forastero, ignorante, ingrata, maligno, rival, sepulcro	amigo, bueno, callar, cotilla, curiosa, declarar, desagradecida, enemigo, extranjero, inculto, loco, malvado, sabio, sensato, sepultura

› Respuestas al cuestionario:

1. Es un vecino de don Quijote y Sancho.
2. A Zaragoza, porque Sansón Carrasco le dice que se van a celebrar allí unas justas muy importantes.
3. Porque no quiere que la gente la critique por haber sido pobre.
4. Que le ponga un sueldo.
5. Le hace creer que Dulcinea es una labradora.
6. Sansón Carrasco.
7. Que encontró un palacio donde estaban Montesinos, Durandarte y Belerma. También vio a Dulcinea, y todos estaban encantados.
8. Respuesta libre, aunque se puede creer que fue un sueño porque cuando don Quijote salió de la cueva estaba dormido.
9. Ginés de Pasamonte. Uno de los galeotes que aparecen en la primera parte.
10. Porque lo trataron como si lo fuera realmente.
11. Sancho Panza debe azotarse 3300 veces.
12. Un caballo de madera mágico.
13. Porque siente el viento y el calor que producen los criados de los duques con los fuelles y las estopas.
14. Para pedirle a don Quijote que defienda la honra de su hija y obligue a su novio a casarse con ella.
15. Porque hay demasiadas obligaciones.
16. Porque cuando ve a la hija de doña Rodríguez, se enamora de ella.
17. Porque el falso Quijote va a Zaragoza.
18. Un bandolero catalán.

19. En realidad, la cabeza no estaba encantada. Estaba hueca, y en la habitación de abajo había un tubo que estaba unido a ella. Así, desde la habitación, hablaban y el sonido salía por la cabeza.
20. Quiere ser pastor. Él se llamará Quijotiz, y Sancho, Pancino.

› ¿Verdadero o falso?:

21. Falso.
22. Verdadero.
23. Verdadero.
24. Falso.
25. Verdadero.
26. Falso.
27. Verdadero.
28. Falso.
29. Falso.
30. Falso.

› Ideas principales:

Sepamos ahora, Sancho hermano, dónde vas. ¿Qué vas a buscar? A una princesa. ¿Adónde? A la gran ciudad del Toboso. ¿Y la has visto algún día? Ni yo ni mi señor la vimos nunca. ¡El diablo, el diablo me ha metido a mí en esto! Pero todas las cosas tienen remedio. Mi señor es un loco de atar. Y yo también, por seguirle y servirle que, como dice el refrán: "Dime con quién andas y te diré quién eres". Como está loco, le haré creer que la primera labradora que encuentre es la señora Dulcinea.

Palabras y definiciones:

1D, 2G, 3A, 4F, 5H, 6I, 7B, 8C, 9E.

Palabras que no guardan relación con las demás:

a) refrán, b) pañuelo, c) ninfa, d) discreción, e) rebaño.

Palabras agrupadas por categorías:

Instrumentos	Oficios	Alimentación	Títulos	Animales
arpa laúd tambores vihuela	barbero comediante escribano ganadero titiritero	ajo cebolla requesón pan	condesa duque infanta conde princesa	cerdo galgo halcón jaca liebre

Soluciones a los textos con huecos:

Texto 1:

En ese momento, oyeron relinchos de Rocinante. Don Quijote pensó que era una buena señal y decidió hacer otra salida en unos días. Se lo dijo al bachiller y le preguntó por dónde empezar el viaje. El bachiller le respondió que debía ir a Zaragoza porque había unas justas muy importantes.

Texto 2:

Don Quijote también se arrodilló junto a Sancho. Miraba con ojos desencajados a la que Sancho llamaba reina y señora. A él le parecía una moza fea y carirredonda. Estaba tan sorprendido que no se atrevía a abrir la boca.

Texto 3:

Quiero darte unos consejos para ser un buen gobernador. Primero, ¡oh hijo!, teme a Dios, porque es de sabios. Segundo, conócete a ti mismo. Sé humilde y no desprecies tus orígenes. Descubre la verdad entre los regalos de los ricos y las lágrimas de los pobres. Si sigues estas reglas, Sancho, tus días serán largos y tu fama eterna.

› Palabras con sus sinónimos y antónimos:

Palabra	Sinónimos	Antónimos
Chismosa	cotilla, curiosa	
Confesar	declarar	callar
Cuerdo	sensato	loco
Forastero	extranjero	
Ignorante	inculto	sabio
Ingrata	desagradecida	
Maligno	malvado	bueno
Rival	enemigo	amigo
Sepulcro	sepultura	

› Textos originales disponibles en versión electrónica:

En la *Biblioteca Virtual Miguel de Cervantes* se puede consultar la sección «Biblioteca de autor de Cervantes» en la que se pueden encontrar datos sobre el autor, ediciones electrónicas de sus obras, estudios críticos, diccionario, fonoteca y galería de imágenes.

http://www.cervantesvirtual.com/bib_autor/cervantes

También pueden consultarse las versiones digitales de las obras completas de Cervantes en la página web del *Proyecto Cervantes 2001*.

http://www.csdl.tamu.edu/cervantes/esp/textos/The%20Cervantes%20Project.htm

› Más sobre Cervantes:

En la página web del *Centro de Estudios Cervantinos* se puede consultar el «Quijote Banco de Imágenes» con numerosas ilustraciones sobre la obra (más de nueve mil).

http://www.qbi2005.com

› Adaptaciones cinematográficas:

Son numerosas las adaptaciones cinematográficas sobre el *Quijote*. Las más recientes son la serie para TVE dirigida por Manuel Gutiérrez Aragón en 1990 (*El Quijote*) que recoge la primera parte de la obra; y la adaptación al cine de la segunda parte, también realizada por Gutiérrez Aragón (*El caballero don Quijote*) en 2002.

› Cuadros destacados inspirados en la obra:

Han sido muchos los pintores que han utilizado el *Quijote* como motivo de sus cuadros: Gustavo Doré, Salvador Dalí, o Pablo Picasso.

› Otras referencias:

El *Quijote* ha inspirado también el diseño de billetes, monedas, sellos, barajas de cartas y todo tipo de souvenirs.

Español	Inglés	Francés	Alemán	Italiano	Portugués
Abismo	abyss	abîme, l'	Abgrund, der	abisso, l'	abismo, o
Ablandar	to soften	ramollir	weich werden	ammorbidire	amolecer
Acosado	hounded	harcelé	bedrängt	assillato, -a	atormentado
Ajo	garlic	ail, l'	Knoblauch, der	aglio, l'	alho, o
Alarma	alarm	alarme, l'	Alarm, der	allarme, l'	alerta
Alerta	alarm	alerte, l'	wachsam	allerta, l'	alerta
Alojarse	to stay somewhere	être hébergé	s. einquartieren	alloggiare	hospedar-se
Alterado	upset	agité	erregt	alterato, -a	alterado
Alumbrar	to enlighten, illuminate	éclairer	(be)leuchten	illuminare	iluminar
Anoche	last night	hier soir	gestern Nacht	ieri sera	ontem à noite
Ansioso	anxious, worried	avoir hâte de	ungeduldig	ansioso, -a	ansioso
Armada	navy	escadre, l'	Kriegsflotte, die	armata, l'	armada, a
Asaltar	to attack	prendre d'assaut	bestürmen, überfallen	assaltare	assaltar
Atrevido	daring	osé	kühn, waghalsig	audace	atrevido
Barato	cheap	bon marché	billig	economico, -a	barato
Bastón	walking stick, cane	bâton, le	Stock, der	bastone, il	bastão, o
Bronce	bronze	bronze	Bronze, die	bronzo, il	bronze, o
Bruto	rude, ignorant	brut	Rohling, der	violento, -a	bruto, o
Bulto	lump	masse, la	Bündel, das	fagotto, il	vulto, o
Burlarse	to mock, make fun of	se moquer	verspotten	ingannare	fazer troça
Callado	quiet	silencieux	schweigend	silenzioso, -a	calado
Caminante	traveller	chemineau, le	Wanderer, der	viandante, il	caminhante, o
Casco	helmet	casque, le	Helm, der	casco, il	capacete, o
Casualidad	coincidence	hasard, le	Zufall, der	caso, il	casualidade, a
Cautivo	captive	captif	gefangen	prigioniero, il	cativo
Cebolla	onion	oignon, l'	Zwiebel, die	cipolla, la	cebola, a
Cementerio	cemetery	cimetière, le	Friedhof, der	cimitero, il	cemitério, o
Cerdo	pig	porc, le	Schwein, das	maiale, il	porco, o
Conde	count	comte, le	Graf, der	conte, il	conde, o
Condesa	countess	comtesse, la	Gräfin, die	contessa, la	condessa, a

Español	Inglés	Francés	Alemán	Italiano	Portugués
Confesar	to confess	avouer	gestehen	confessare	confessar
Confesor	confessor	confesseur, le	Beichtvater, der	confessore, il	confessor, o
Confundido	confused	confus	verwirrt	confuso, -a	confuso
Corona	crown	couronne, la	Krone, die	corona, la	coroa, a
Criado	servant	valet	Diener, der	domestico, il	criado, o
Criatura	creature	créature, la	Geschöpf, das	creatura, la	criatura, a
Criticar	to criticise	critiquer	kritisieren	criticare	criticar
Cruel	cruel	cruel	grausam	crudele	cruel
Crueldad	cruelty	cruauté, la	Grausamkeit, die	crudeltà, la	crueldade, a
Cuerdo	sane, sensible	sage	klug, vernünftig	assennato, -a	lúcido
Cuero	leather	cuir, le	Leder, das	cuoio, il	couro, o
Debilidad	weakness	faiblesse, la	Schwäche, die	debolezza, la	fraqueza, a
Demostrado	proven	démontré	bewiesen	dimostrato, -a	demonstrado
Derrota	defeat	défaite, la	Niederlage, die	sconfitta, la	derrota, a
Desafiar	to challenge	défier	herausfordern	sfidare	desafiar
Descuido	oversight, mistake	négligence, la	Unachtsamkeit, die	distrazione, la	descuido, o
Desgraciado	nasty, horrible	malheureux	unglücklich	disgraziato, -a	desgraçado
Despreciar	to look down on, reject	mépriser	verachten, verschmähen	disprezzare	desprezar
Diablo	devil	diable, le	Teufel, der	diavolo, il	diabo, o
Dilatado	dilated, long	ayant une longue expérience	ausgedehnt	dilatato, -a	distendido
Dolorido	pained, in pain	endolori	schmerzend	addolorato, -a	dorido
Duque	duke	duc, le	Herzog, der	duca, il	duque, o
Engaño	deception	tromperie, la	Betrug, der	inganno, l'	engano, o
Engendrar	to father, breed, beget	engendrer	zeugen	concepire	engendrar
Ensayar	to test, rehearse	répéter	proben	provare	ensaiar
Enterrado	buried	enterré	begraben	sepolto, -a	enterrado
Escudo	shield	bouclier, le	Schutzschild, das	scudo, lo	escudo, o
Espada	sword	épée, l'	Schwert, das	spada, la	espada, a
Fantástica	fantastic, fantasy	fantastique	fantastisch, unwirklich	fantastica	fantástica
Ficción	fiction	fiction, la	Fiktion, die	finzione, la	ficção, a

Español	Inglés	Francés	Alemán	Italiano	Portugués
Fiebre	fever	fièvre, la	Fieber, das	febbre, la	febre, a
Ganadero	ranching	éleveur, l'	Viehzüchter, der	allevatore, l'	guardador de gado, o
Guerrero	warrior	guerrier, le	Krieger, der	guerriero, il	guerreiro, o
Hermosura	beauty	beauté, la	Schönheit, die	bellezza, la	formosura, a
Huésped	host	hôte, l'	Gast, der	ospite, l'	hóspede, o
Humilde	humble	humble	bescheiden, demütig	umile	humilde
Ignorante	ignorant	ignorant	unwissend, ungebildet	ignorante	ignorante, o
Imperio	empire	empire, l'	Reich, das	impero, l'	império, o
Impreso	printed out	imprimé	gedruckt	stampato, -a	impresso
Imprimir	print	imprimer	drucken	stampare	imprimir
Infanta	princess	infante, l'	Infantin, die	infanta, l' (titolo della monarchia spagnola)	infanta, a
Ingenio	ingenuity	génie, le	Geist, der	ingenio, l'	engenho, o
Ingenuo	ingenious	ingénu	naiv	ingenuo, -a	ingénuo
Ladrón	thief	voleur, le	Dieb, der	ladro, il	ladrão, o
Lanza	lance	lance, la	Lanze, die	lancia, la	lança, a
Liberado	free	libéré	befreit	liberato, -a	libertado
Librarse	to free oneself	se libérer	s. befreien	liberarsi	livrar-se
Liebre	hare	lièvre, le	Hase, der	lepre, la	lebre, a
Maldecir	to curse	médire	verfluchen	maledire	maldizer
Maligno	evil	maléfique	bösartig	maligno, -a	mal, o
Maravillado	amazed	étonné	verwundert	meravigliato, -a	maravilhado
Miserable	miserable	misérable	elend	miserabile	miserável
Miseria	misery	misère, la	Elend, Unglück, das	miseria, la	miséria, a
Moler a palos	to beat sb to a pulp	rouer de coups	jemanden windelweich prügeln	darle di santa ragione a qualcuno	dar uma tareia
Mono	monkey	singe, le	Affe, der	scimmia, la	macaco, o
Muñeco	doll, toy	bonhomme, le	Puppe, die	pupazzo, il	boneco, o
Orgulloso	proud	orgueilleux	stolz	orgoglioso, -a	orgulhoso
Pañuelo	handkerchief	mouchoir, le	Tuch, das	fazzoletto, il	lenço, o

Español	Inglés	Francés	Alemán	Italiano	Portugués
Pasillo	corridor	couloir, le	Gang, der	corridoio, il	corredor, o
Pedazo	piece	morceau, le	Stück, das	pezzo, il	pedaço, o
Pesca	fishing	pêche, la	Fischerei, die	pesca, la	pesca, a
Princesa	princess	princesse, la	Prinzessin, die	principessa, la	princesa, a
Prólogo	prologue	prologue, le	Prolog, der	prologo, il	prólogo, o
Prudente	prudent	prudent	vorsichtig	prudente	prudente
Pulso	pulse	pouls, le	Puls, der	polso, il	pulso, o
Refrán	saying, proverb	proverbe, le	Refrain, der	ritornello, il	provérbio, o
Rescate	rescue	rançon, la	Befreiung, die	riscatto, il	resgate, o
Resucitar	resuscitate	ressusciter	auferwecken	resuscitare	ressuscitar
Rival	rival	rival	Rivale, der	rivale, il	rival, o
Ronco	hoarse, husky	rauque	heiser	rauco, -a	rouco
Salvaje	wild	salvaje	wild	selvaggio, -a	selvagem
Satisfecho	satisfied	satisfait	zufrieden	soddisfatto, -a	satisfeito
Sereno	serene	serein	ruhig, gleichmütig	sereno, -a	sereno
Tela	material	tissu, le	Stoff, der	tela, la	tecido, o
Terciopelo	velvet	velours, le	Samt, der	velluto, il	veludo, o
Titulado	titled	intitulé	betitelt	intitolato, -a	intitulado
Traductor	translator	traducteur, le	Übersetzer, der	traduttore, il	tradutor, o
Tramar	to devise, plot	tramer	anzetteln, anstiften	tramare	tramar
Tubo	tube	tuyau, le	Rohr, das	tubo, il	tubo, o
Tumbar	to lie down	se coucher	legen	sdraiare	cair
Turbar	to disturb	troubler	beunruhigen	turbare	perturbar
Uña	nail	ongle, l'	Nagel, der	unghia, l'	unha, a
Vela	candle	bougie, la	Kerze, die	candela, la	vela, a
Villa	town	bourg, le	Villa, die	villa, la	vila, a